ERNSTPETER MAURER

W0034964

Rechtfertigung

Konfessionstrennend oder konfessionsverbindend?

Ökumenische Studienhefte 8

V&R

VANDENHOECK & RUPRECHT
IN GÖTTINGEN

BENSHEIMER HEFTE
Herausgegeben vom Evangelischen Bund
Heft 87

Ökumenische Studienhefte 8

Im Auftrag des Konfessionskundlichen Instituts
hg. von Hans-Martin Barth und Reinhard Frieling

Die Deutsche Bibliothek – CIP-Einheitsaufnahme

Maurer, Ernstpeter:
Rechtfertigung / Ernstpeter Maurer. – 2. Aufl. – Göttingen:
Vandenhoeck und Ruprecht, 1999
   (Bensheimer Hefte; H. 87: Ökumenische Studienhefte; 8)
   ISBN 3-525-87177-5

Göttingen · Vandenhoeck & Ruprecht · 1999
Umschlaggestaltung: Reinhart Braun, Berlin
Herstellung: Ph. Reinheimer, Darmstadt
ISSN-Nr. 0522-9014
ISBN 3-525-87177-5

INHALTSVERZEICHNIS

VORWORT DER HERAUSGEBER

Die ökumenische Situation ist gegenwärtig schwer überschaubar. Zu einer Vielzahl von Themen haben unterschiedlichste Kommissionen gearbeitet; vielfältige Papiere wurden vorgelegt; Verlautbarungen und Vereinbarungen wurden veröffentlicht und teilweise dann doch nicht rezipiert. Noch unübersichtlicher ist die Lage dadurch geworden, daß zu den klassischen konfessionellen Positionen – Orthodoxie, römischer Katholizismus, Protestantismus – neue regional oder kulturell bedingte Strömungen wie feministische und ökologische Denkansätze oder Befreiungstheologien getreten sind, die sich den überkommenen Mustern schwer zuordnen lassen. Wo steht die Ökumene heute? Was ist erreicht? Welche Aufgaben gilt es anzupacken?

Die Antworten auf diese Fragen hängen ganz von dem jeweiligen Problemfeld ab, auf das hin sie gestellt werden. Die BENSHEIMER ÖKUMENISCHEN STUDIENHEFTE möchten in dieser Situation über das bisher Erreichte informieren, indem sie wichtige Texte vorstellen und interpretieren. Sie möchten auf diese Weise zur Weiterarbeit ermutigen. Es wurden diejenigen Themen ausgewählt, die entweder zum klassischen Bestand ökumenischer Diskussion gehören oder durch jüngste Entwicklungen, insbesondere den konziliaren Prozeß, ins Zentrum ökumenischer Aufmerksamkeit geraten sind.

Die einzelnen Hefte sind jeweils so aufgebaut, daß sie in einem TEIL A konfessions- und kontextspezifische Positionen darstellen, in einem TEIL B die relevanten Dialoge würdigen und die wichtigsten ökumenischen Prozesse beschreiben und schließlich in einem TEIL C eine vorläufige Bilanz ziehen bzw. weiterführende Perspektiven aufzeigen. Ein ausgewogenes Verhältnis von Dokumentation und Darstellung soll ein sachgemäßes Urteil ermöglichen. Die Gewichtung der einzelnen Elemente, die in jedem Heft Berücksichtigung finden, wird freilich von Thema zu Thema variieren.

Die Bensheimer Ökumenischen Studienhefte können auf diese Weise im universitären Lehrbetrieb, aber auch im Religionsunterricht und in der Erwachsenenbildung sinnvoll verwendet werden. Sie werden darüber hinaus Pfarrerinnen und

Pfarrern, Mitgliedern kirchlicher Gremien und allen ökumenisch Interessierten eine verläßliche Gesprächsgrundlage bieten.

Die Autorin und die Autoren haben es sich zur Aufgabe gemacht, die Hefte, soweit möglich, in einem doppelten Arbeitsgang gemeinsam zu beraten: Nach der Sammlung des Materials und der Präsentation einer Skizze zum Aufbau des jeweiligen Heftes wird auch die Endfassung des jeweiligen Textes gemeinsam diskutiert und verabschiedet. Die Darstellung erfolgt im Geist unseres Leitwortes: evangelisch und ökumenisch.

Marburg/Bensheim, den 1. Dezember 1992

Professor Dr. Hans-Martin Barth
Professor Dr. Reinhard Frieling

VORWORT ZUR ZWEITEN AUFLAGE

Der Entwurf einer gemeinsamen lutherisch/römisch-katholischen Erklärung zur Rechtfertigungslehre setzte vor gut anderthalb Jahren eine überraschend intensive Diskussion der reformatorischen Grundentscheidungen in Gang. Die zuweilen recht hitzige Auseinandersetzung hat dem vorliegenden Buch eine erfreuliche Resonanz verschafft, so daß schon nach acht Monaten eine zweite Auflage erforderlich ist. Bei dieser Gelegenheit wurden einige kleine Korrekturen und Ergänzungen vorgenommen.

Dortmund, im März 1999   *Ernstpeter Maurer*

EINLEITUNG

Was bedeutet Rechtfertigung? Auf diese Frage können wir mit dem Hinweis auf den alltäglichen Wortgebrauch antworten. Wenn eine Person sich oder etwas rechtfertigen will, so muß sie zeigen, daß sie mit ihrem Tun einer bestimmten Anforderung gerecht wird oder geworden ist. Oder aber sie muß begründen, warum sie einem solchen Anspruch eben nicht gerecht werden kann. In der Regel bedarf eine Person der Rechtfertigung, wenn es fraglich ist, ob sie recht gehandelt hat. Es kann auch sein, daß ein Handeln noch aussteht. Dann sind Entscheidungen im voraus als vermutlich angemessen zu rechtfertigen, den Betroffenen oder Beteiligten gegenüber zu vertreten, auch wenn sie als problematisch eingeschätzt werden. So zielt Rechtfertigung zunächst auf Anerkennung einer Person oder ihres Handelns durch andere Personen. Diese Anerkennung ist bedroht, problematisch oder bereits gestört. Wer sich rechtfertigt, setzt sich dem Urteil anderer Personen aus, die eine Rechtfertigung akzeptieren können oder auch nicht. Die Person ist darauf angewiesen, daß die anderen ihr „recht geben".

Schon der alltägliche Wortgebrauch zielt auf ein vielfach verschlungenes Gewebe von Beziehungen innerhalb einer menschlichen Gemeinschaft. Es sind ja nicht nur Personen, die einander begegnen, vielmehr sind solche Begegnungen stets vermittelt durch gemeinsame Interessen, Einschränkungen und Ziele. Zuweilen treten unterschiedliche Aspekte von Rechtfertigung auseinander. So kann eine Person anerkannt werden, auch wenn ihr Handeln sich als unangemessen erweist. Das gilt vor allem für familiäre und freundschaftliche Beziehungen, wo ein Fehlverhalten vielleicht kritisiert oder gar sanktioniert wird, aber keineswegs sogleich das Grundvertrauen in Frage stellt. Wo Vertrauen eine Rolle spielt, wachsen auch dem Begriff „Rechtfertigung" andere Nuancen zu. Es geht nicht um angemessenes oder unangemessenes Handeln – wobei in der Regel ein Maß-Stab zur Verfügung steht –, sondern um die Vertiefung oder den Verlust des Vertrauens. Wer durch eine Lüge das Vertrauen zerstört hat, wird sich schwerlich rechtfertigen können, indem er Gründe angibt, warum es angemessen war, die Unwahrheit zu sagen. Wie kann in einer solchen Situation das Vertrauen wieder gewonnen werden? Wie kann die Begegnung wieder ins „rechte" Lot gebracht, wie können Personen dabei einander „gerecht" werden?

Wenn theologisch von „Rechtfertigung" die Rede ist, so geht es auch um eine gestörte personale Begegnung – allerdings nicht um irgendeine. Der theologische Begriff kennzeichnet die dramatische Begegnung Gottes mit der einzelnen menschlichen Person, und zwar in jener katastrophalen Situation, wo ein ursprüngliches Vertrauensverhältnis noch zu erahnen, aber faktisch zerrüttet ist. Alle menschlichen Versuche, das rechte Verhältnis zu rekonstruieren, zeigen in dieser Situation nur erst recht, wie zerrüttet dieses Vertrauen ist. Sie zielen auf ein angemessenes Verhalten gegenüber Gott, auf die Gerechtigkeit, die vor Gott gilt, mit der die Person vor Gott bestehen kann – und doch muß schon diese Absicht das ursprüngliche Vertrauen gründlich verfehlen. So kann nur Gottes Handeln die Wende herbeiführen. Gott offenbart sich in Leben, Passion und Auferstehung Jesu Christi als ein schöpferisches Gegenüber und nimmt den menschlichen Vertrauensbruch, die Abkehr von Gott, die Sünde auf sich. Gerade in der Vergebung der Sünde setzt Gott eine Gerechtigkeit durch, die sich von menschlicher Angemessenheit tief unterscheidet. Dieses Handeln zielt darauf, die sündige menschliche Person gerecht zu machen, das liebevolle Vertrauen des Menschen auf Gott wieder ins rechte Lot zu bringen.

Wie trifft aber nun das Christusgeschehen die einzelne menschliche Person? Darauf zielt der theologische Begriff „Rechtfertigung" im engeren Sinne. Die profiliertesten Aussagen dazu finden sich in der Theologie des Paulus, und zwar in den Briefen an die Galater und an die Römer. Eine sehr dichte Passage aus dem Galaterbrief (2,15-21) mag die verwickelte Struktur der paulinischen „Rechtfertigungslehre" demonstrieren:

„15 Wir sind von Natur aus Juden und nicht Sünder aus den Heiden, 16 wir wissen aber, daß der Mensch nicht gerecht gemacht wird aus den Werken des Gesetzes, sondern allein durch den Glauben an Jesus Christus, und wir haben auf Jesus Christus

hin geglaubt, daß wir gerecht gemacht würden aus dem Glauben an Christus und nicht aus Werken des Gesetzes, denn aus Geset- zeswerken wird kein Fleisch gerecht. 17 Suchen wir aber Gerech- tigkeit in Christus und sind selber Sünder, so wäre Christus ein Diener der Sünde? Keineswegs! 18 Wenn ich nämlich wieder auf- baue, was ich niedergerissen habe, so stelle ich mich als Übertre- ter hin. 19 Ich bin nämlich durch das Gesetz dem Gesetz gestor- ben, damit ich für Gott lebe. Mit Christus bin ich gekreuzigt. 20 So lebe nicht mehr ich, es lebt in mir vielmehr Christus. Was ich nun im Leibe lebe, lebe ich im Glauben an den Sohn Gottes, der mich geliebt und sich für mich dahingegeben hat. 21 Ich lehne nicht die Gnade Gottes ab – wenn nämlich die Gerechtigkeit durch das Gesetz kommt, so ist Christus sinnlos gestorben.*

Dieser Text faßt die Grundelemente einer Beschreibung des rechtfertigenden Handelns Gottes zusammen:

(1) Wir werden gerecht gemacht durch den Glauben an Jesus Christus (v.16). Hier muß gefragt werden, wie der Be- griff „Glaube" zu präzisieren ist. Es wird ja in v.20 deutlich, daß damit kein kognitiver Akt der Zustimmung gemeint sein kann, sondern die ekstatische Existenz der menschlichen Per- son von Christus her. Nur dann läßt sich vermeiden, den Be- griff „Glaube" fälschlich als eigentümliches Werk zu verstehen. „Gerechtigkeit" meint ein Sein, nicht ein Handeln.

(2) Wir werden nicht gerecht, indem wir das Gesetz zu ver- wirklichen suchen – jedenfalls werden wir damit nicht vor Gott gerecht (v.15). Es stellt sich natürlich die Frage, wie das Gesetz Gottes dann zu beurteilen ist, denn immerhin ist es eine Gabe Gottes. Hier ist genau zu differenzieren zwischen dem Gesetz als einer guten Gabe Gottes und dem Mißbrauch, der darin liegt, es zu verwirklichen. Vielleicht unterscheidet sich die „Erfüllung" von der „Verwirklichung" des Gesetzes.

(3) Glaube und Gerechtigkeit durch Werke schließen ein- ander als Weg zur Gerechtigkeit aus. Wenn es eine Gerechtig- keit durch das Gesetz gibt, ist Christus sinnlos gestorben (v.21). Was Christus für mich getan hat, kann ich nur emp- fangen. Die Gerechtigkeit Gottes ist ein Geschenk. Wer für ein Geschenk etwas tun will, beleidigt den Geber.

(4) Wir werden durch das Gesetz getötet, damit sind wir aber umgekehrt auch für das Gesetz erledigt, genauer: wir fal- len nicht mehr in den Geltungsbereich des Gesetzes. Dieser „Tod" ist zugleich der Ursprung unseres Lebens mit Christus

(v.19). Hier ist eine Funktion des Gesetzes angedeutet, die jedenfalls von der „Verwirklichung" deutlich unterschieden ist. Das Gesetz konfrontiert uns unentrinnbar mit unserer Sünde. Diese schmerzliche und letztlich tödliche Konfrontation markiert aber den Beginn des neuen Lebens im Glauben.

(5) Dieses neue Leben im Glauben wird als personale Einheit mit Christus beschrieben, freilich nicht als „Verschmelzung", sondern als differenzierte Einheit, nämlich als wechselseitige Hingabe (v.20). Im Glauben lebe ich nicht mehr „für mich".

(6) Gerechtigkeit durch den Glauben beseitigt die Sünde. Dabei stellt sich sogleich die Frage, wie solch eine Befreiung von der Sünde zu beschreiben ist. Was Gott in Christus getan hat, wird mir zugesprochen. Ich verlasse mich auf diesen Zuspruch, und dadurch verändert sich mein Leben. Es kann allerdings gefragt werden, wie diese Veränderung zu beschreiben ist, ohne wieder in die Kategorie der Werke zurückzufallen (v.18). Andererseits muß eine solche Verwandlung meiner Existenz zur Geltung gebracht werden, sonst könnte der Glaube als Legitimation für die Sünde mißverstanden und mißbraucht werden (v.17).

Mit diesen Aspekten sind nicht nur die wichtigsten Elemente der paulinischen Beschreibung des rechtfertigenden Handelns Gottes umrissen, sondern auch die weitreichenden Probleme angedeutet, die eine theologische Klärung, eine „Rechtfertigungslehre" zu bearbeiten hat. Es ist nicht erstaunlich, daß hier tiefe theologische Kontroversen aufbrechen konnten. An der Frage nach der „Rechtfertigung allein durch den Glauben" ist die Einheit der abendländischen Kirche zur Zeit der Reformation schließlich zerbrochen.

Es kommt eine weitere Dimension ins Spiel, die das Bild zunächst noch unübersichtlicher macht. Die paulinischen Thesen sind irritierend und provozierend, weil sie selbstverständliche Grundannahmen über das Wesen des Menschen in Frage stellen. Wo in der Theologiegeschichte die Rechtfertigungslehre – man könnte auch sagen: der Römer- oder Galaterbrief des Paulus – zur Geltung kommt, wird das christliche Nachdenken des Glaubens vor die Entscheidung gestellt, ob es zugunsten allgemein akzeptierter Modelle der Humanität die schroffen Thesen des Neuen Testaments abmildern oder die philosophischen Modelle scharf kritisieren soll. Das zeigt sich erstmals bei Augustinus, der Schritt für Schritt von Paulus her die antike Anthropologie korrigiert und damit die Gnadenlehre der abendländischen Kirche präzise formuliert hat. Dieses Unternehmen war schwierig und führte zu einer Reihe von ungelösten Problemen, die sich in der Reformation dramatisch verschärften und bis in die gegenwärtige Diskussion um die Rechtfertigungslehre hineinreichen.

Augustinus ringt immer wieder mit der Frage, wie sich das göttliche Handeln auf den menschlichen Willen bezieht. Damit ist ein Grundproblem der Kontroverse markiert. Es ist nicht erstaunlich, daß der Kirchenvater hier zunächst zu keinem eindeutigen Ergebnis kommt. Vor allem liegt ihm – mit Paulus – an der scharfen Abgrenzung der göttlichen Gnade, die dem Menschen bedingungslos geschenkt wird, von jeder eigenständigen Möglichkeit des Menschen, die dann wieder Anlaß zum Selbstruhm werden könnte. Paulus schreibt in Phil 2,13: „Gott wirkt in euch das Wollen und das Wirken nach gutem Willen." Daher lehnt Augustinus einen aktiven Beitrag des menschlichen Willens ab. Der freie Wille des Menschen taugt für sich allein nur zum Sündigen, wo die Erkenntnis Gottes fehlt. Aber auch die Erkenntnis der göttlichen Wahrheit führt nur dann zu einem guten Leben, wenn die Person sich an Gott freut und Gott liebt. Das wirkt der Heilige Geist, der nach Röm 5,5 in unsere Herzen ausgegossen ist (vgl. Sp 3,5).

Hier deutet sich bereits die systematisch-theologische Grundfrage an, wie sich die Eingießung des Geistes (Röm 5,5) zum freien Willen verhält. Dahinter steckt sogleich die Frage, was eigentlich der Wille sei, also: die Frage nach dem jeweils vorausgesetzten Menschenbild. Wie nehmen wir überhaupt unseren Willen wahr? Natürlich spüren wir Neigungen und Abneigungen, und sofern wir solche Leidenschaften disziplinieren können, sind wir willensstark. Woher kommt aber die jeweilige Ausrichtung unseres Willens? Diese scheinbar schlichte Frage wird sich durch alle Ausführungen zur Rechtfertigungslehre ziehen. Das wird sofort klar, wenn wir Texte wie Phil 2,13; Röm 5,5 oder Gal 2,20 heranziehen: Was wird aus der Vorstellung eines prinzipiell in sich zentrierten Individuums mit Vernunft und Willen als höchsten Instanzen, wenn Christus und der Heilige Geist die Person ganz und gar durchdringen? Wird aber die Person nicht un-verantwortlich, wenn sie nicht mehr über eine eigene Entscheidungsinstanz verfügt? Es sollte deutlich sein, daß hinter dieser Schwierigkeit noch weitere Fragen stecken, vor allem: Wie werde ich überhaupt zur individuellen Person? Was macht meine Einheit, meine unverwechselbare Identität aus?

Solche anthropologischen Grundfragen werden durch die Beschreibung des Rechtfertigungsgeschehens bei Paulus noch erheblich zugespitzt. Die Rolle des Gesetzes (s.o.) läßt sich geradezu präzisieren als Provokation der Person, die über ihre Entscheidungen zu verfügen glaubt: Im Rückgriff auf Paulus (Röm 7,7) betont Augustinus, daß das Gesetz die sündige Begierde provoziert. Wegen der Sünde *„steigert jenes Gesetz, mag es noch so gut sein, durch sein Verbot fürwahr gerade das böse Verlangen"* (Sp 4,6). So expliziert Augustinus, was mit der eigenartigen Wendung in Gal 2,19 angedeutet und in Röm 7 vertieft wird: Das Gesetz tötet durch den Buchstaben (vgl. auch 2 Kor 3), es provoziert den Willen und konfrontiert ihn zugleich mit seiner Unfähigkeit, die Begierden zu disziplinieren. Wer nämlich das Gesetz erfüllt ohne die Hilfe der Gnade des Geistes, tut es aus Furcht vor Strafe, nicht aus Liebe zur Gerechtigkeit. Darin verrät sich die verkehrte Ausrichtung des Willens, die sich zudem abzeichnet in der schlichten Tatsache, daß die bösen Begierden überhaupt durch die Vorschriften des Gesetzes hervorgelockt werden und zu kontrollieren sind. Sollte der Mensch wirklich einen freien Willen haben, so ist dieser Wille jedenfalls kein Grund für übertriebenen Stolz. Gleichwohl ist in diesem durch das Gesetz eröffneten Handeln Gottes der menschliche Wille gerade in seiner verkehrten Ausrichtung durchaus im Spiel. Damit muß der selbstgerechte Wille erst einmal schmerzhaft konfrontiert, durch den Buchstaben des Gesetzes getötet werden – vielleicht können wir uns das so vorstellen, daß die Versuche des Willens, dem Gesetz gegenüber sich zu rechtfertigen, den menschlichen Willen immer mehr verwirren und schließlich zerrütten. Dann setzt das gnädige Handeln Gottes ein, die Gabe der Gerechtigkeit gerade an den seiner selbst nicht mehr mächtigen sündigen Menschen.

Lebt der Mensch nun allein aus der in Christus gewirkten Vergebung, so ändert sich das Verhältnis der Person zum Gesetz grundlegend. Das Gesetz wird nun aus Liebe zu Gott erfüllt, weil die Liebe Gottes durch den Heiligen Geist in unsere

Herzen ausgegossen ist (Röm 5,5). Das kann auch durch eine eigentümliche Umkehrung der „natürlichen" Zeit- und Reihenfolge ausgedrückt werden: Die Rechtfertigung ist unverdient, *„weil die Werke der Rechtfertigung nicht vorausgehen.* ... *Der Satz, wonach die Täter des Gesetzes gerechtfertigt werden (Röm 2,13), muß so verstanden werden, daß sie nicht anders Täter des Gesetzes sein können als durch die Rechtfertigung, so daß nicht den Tätern die Rechtfertigung zukommt, sondern die Rechtfertigung den Tätern zuvorkommt. ... Was soll das anderes heißen als: Gerechte werden gerecht gemacht werden? ... darum bedeutet es so viel wie: Die Täter des Gesetzes werden geschaffen werden, nicht weil sie es waren, sondern damit sie es werden"* (Sp 26,45).

Bemerkenswert ist zweierlei: Zum einen vergleicht Augustinus die Rechtfertigung des Gottlosen mit der Schöpfung, zum andern hintergeht er die übliche Logik des Wortes „Rechtfertigung". Die Person muß nicht gerecht handeln, um als gerecht bestätigt zu werden. Sie wird vielmehr durch die Gnade neu geschaffen und ist gleichsam „per definitionem" gerecht. Diesem Schöpfungsakt entspringt jenes ursprüngliche Vertrauensverhältnis zwischen Gott und Mensch, aus dem allein und ganz selbstverständlich die Erfüllung des Gesetzes folgt. Auch hier werden anthropologische Grundannahmen kritisch und provokativ in Frage gestellt. Das Rechtfertigungsgeschehen setzt im menschlichen Leben einen radikal neuen Anfang. Und: Die Person ist nicht, was sie aus sich macht. Sie kann und muß sich nicht „verwirklichen", denn sie wird geschaffen und darf daraufhin handeln.

Allerdings bleibt bei Augustinus die eben erwähnte radikale Konsequenz aus der Rede von einer „Neuschöpfung" noch unklar. Er legt Wert auf einen allerdings nahezu funktionslosen freien Willen, der nun doch als neutrale Instanz (als „media vis", Sp 33,58) ins Spiel kommt. Dahinter verbergen sich zwei wichtige Grundprobleme, ein theologisches und ein anthropologisches. Das theologische Problem betrifft den Zusammenhang zwischen der ursprünglichen Gottebenbildlichkeit, die durch die Gnade wiederhergestellt wird. Die Gnade befähigt die Person, die Forderungen des Gesetzes „naturaliter" zu erfüllen, was im bisherigen Kontext meint: ganz selbstverständlich. So ist der Satz zu verstehen, daß die Gnade die Natur nicht aufhebt, sondern „repariert" (Sp 27,47). Allerdings muß nun geklärt werden, wie sich die Sünde als

(Selbst-)Verfehlung zur ursprünglichen Natur verhält. Augustinus präzisiert: *„das Ebenbild Gottes in der menschlichen Seele ist durch die Sünde irdischer Leidenschaften nicht so sehr verwischt, daß sich davon in ihr kein Rest umrißhafter Züge erhalten hätte"* (Sp 28,48).

Das anthropologische Argument läuft darauf hinaus, daß die Person nicht gezwungen, sondern freiwillig glaubt und liebt – oder eben nicht –, und daher für Glauben und Liebe oder Unglauben und Lieblosigkeit verantwortlich ist. Nur durch willentliche Zustimmung oder Ablehnung kann die Seele etwas aneignen. Es geht demnach um die innere Beteiligung der Person im Glauben, der daher als Zustimmung zu beschreiben ist. Und wäre es allein Gottes Entscheidung, wer glaubt und wer nicht, so könnten sich die Ungläubigen und Lieblosen wohlfeil entschuldigen. Augustinus räumt aber ein: Wäre er gezwungen, jenes abgrundtiefe Geheimnis zu erforschen, warum Gott dem einen so zuredet, daß er sich überreden läßt, dem anderen aber nicht, so bliebe nur der Hinweis auf die Unerforschlichkeit Gottes (vgl. Röm 11,33 und 9,14).

Augustinus argumentiert so: Das Gesetz kann nur erfüllt werden aus freier Willensentscheidung – es führt aber zunächst zur Erkenntnis der Sünde. Durch den Glauben erlangt man Gnade gegen die Sünde, durch die Gnade Heilung der Seele vom Sündenschaden, und durch die Heilung der Seele die Freiheit des Willens, dadurch die Liebe zur Gerechtigkeit und somit die Erfüllung des Gesetzes. Kurz: *„Die Gnade heilt den Willen, so daß man die Gerechtigkeit frei lieben kann"* (Sp 30,52). Die Freiheit ist also ein Geschenk. Dann wäre die Freiheit eine Folge der Gnade und präzisiert durch die freiwillige, nämlich liebevolle Erfüllung der Forderung des Gesetzes. Der freie Wille wird erst im Akt der Rechtfertigung geschaffen.

Damit ist gleichsam das Spielfeld für die Debatte um den freien Willen abgesteckt. Auf beiden Seiten werden plausible Argumente ins Feld geführt, die sich nicht logisch konsistent verknüpfen lassen. Gott kann nicht der Urheber des bösen Willens sein. Dafür ist der Mensch allein verantwortlich. Warum kann dann aber nicht Gott dennoch der Urheber des Glaubens und des guten Willens sein? Natürlich bleibt dann immer noch die Frage, warum Gott offenbar Unterscheidungen trifft.

In diese Richtung vertieft und verschärft Augustinus später seine Überlegungen. Die Entstehung des Glaubens ist ursprünglich und gänzlich eine Wirkung der Gnade, einschließlich der Zustimmung der Seele. Zu dieser schroffen Einsicht führen zwei Gedankengänge: Zum einen versteht Augustinus Röm 7 neu, insbesondere v.22f, wo von der Freude des inneren Menschen am Gesetz die Rede ist und dem Konflikt mit dem Gesetz der Sünde in den Gliedern. Dieser Zwiespalt wird nun als Beschreibung des geistlichen Menschen gelesen, der freilich noch mit seiner Sünde zu kämpfen hat. Die Freude am Gesetz ist dem sündigen Menschen nicht möglich, so daß schon das Wollen (v.18) durch die Gnade bewirkt wird.

Zum andern führt die steile Sündenlehre des Augustinus in diese Richtung. In „De civitate Dei" wird die erste Sünde als Ungehorsam gekennzeichnet. Darin bricht aber nur die verborgene Bosheit des hochmütigen Menschen aus. Hochmut ist das Streben nach verkehrter Hoheit. Der Mensch verläßt den Urgrund und sucht sich selbst zum Urgrund zu werden. Solche Abkehr von Gott ist absurd, aber freiwillig, „denn würde der Wille standhaft beharren in der Liebe des unwandelbaren höheren Gutes, von dem er erleuchtet wurde zu sehen und entzündet zu lieben, so würde er sich davon nicht abkehren zum Wohlgefallen an sich selber und infolgedessen nicht trübe und kalt werden" (Civ 14,13).

Diese freiwillige Abkehr ist gleichwohl nicht zu erklären. Ein anderer Gesichtspunkt ist bedeutsam: Wenn das Wohlgefallen an sich selbst den katastrophalen Einsatzpunkt der Sünde markiert, so ist jeder Rückgriff auf eine neutrale Entscheidung im Rahmen der Gnadenlehre fragwürdig. Es gibt hier keinen neutralen Willen, sondern entweder einen gottbezogenen oder einen selbstbezogenen Willen. Die sündhafte Erhebung „verschmäht es eben als solche, unterworfen zu sein, und sinkt herab von dem, der nichts Höheres über sich hat, und wird infolgedessen weiter unten sein ... indem sie [die Menschen] sich erhoben, wurden sie herabgestürzt" (ebd.).

Sünde ist demnach die selbstbezogene Abkehr von Gott als Kehrseite des hochmütigen Griffs nach der Gottheit. Der böse Wille des Menschen als Selbstgefälligkeit liebäugelt mit der Möglichkeit, selbst Gott zu sein. „Das hätten sie eher sein können, indem sie dem höchsten und wahren Urgrund durch Gehorsam anhingen, jedenfalls nicht, indem sie sich selbst Urgrund zu

sein suchten aus Hochmut. ... Ein Mehr des Strebens bringt Ein-
buße mit sich bei einem, der in dem Wahn, sich selbst zu genügen,
abläßt von dem, der ihm in Wahrheit genügt" (ebd.).

Die paulinischen und augustinischen Aussagen zum Handeln Gottes an der menschlichen Person bilden den Hintergrund für die Kontroversen um die Rechtfertigungslehre. Das
gilt nicht nur historisch – es sollte deutlich geworden sein, daß
auch systematisch-theologische Grundprobleme dabei aufbrechen, die unabhängig von der theologiegeschichtlichen Situation immer wieder neu in Angriff zu nehmen sind. Diese
Grundprobleme lassen sich systematisch ordnen und sollen für
die Darstellung der konfessionellen Positionen und der Dialoge ein übersichtliches Ordnungsmuster bilden:

Die Spannungsfelder der Rechtfertigungslehre zeichnen
sich in der Gnadenlehre und in der Lehre vom Menschen ab.
Kontrovers ist die Beschreibung der Person in der Begegnung
mit Gott, weil die Beschreibung der menschlichen Person
überhaupt kontrovers ist. Aber auch umgekehrt gilt: Je nachdem, wie die Begegnung Gottes mit der menschlichen Person
beschrieben wird, sind wir gezwungen, anthropologische Vor-
urteile zu revidieren. Vermutlich ist es einfacher, zunächst die
anthropologischen Spannungsfelder zu beleuchten:

(1) Was macht die Person aus?

Die augustinische Theologie ringt mit dem Thema der
menschlichen Willensfreiheit, weil der Mensch durch seine
Vernunft und vor allem durch seinen Willen zur unvertretba-
ren und verantwortlichen Person wird. Im Unterschied zu Begierden und Leidenschaften kann die Person über ihre Entscheidungen wenigstens prinzipiell verfügen. Allerdings sind
hier viele Einschränkungen zu machen. So zeichnet sich die
erste Grundfrage ab:

(a) Wie frei ist der Wille?

Schon die alltägliche Erfahrung zeigt, daß wir unsere Affekte in aller Regel zu disziplinieren wissen. Es gibt freilich

Grenzen der Selbstbeherrschung. Dennoch werden wir zur Verantwortung gezogen, auch wo wir verständlicherweise die Kontrolle über uns verloren haben. Insofern können wir von einer durch die Vernunft geleiteten Willenskraft als menschlichem Vermögen reden.

Nun ist damit zweierlei noch nicht entschieden: Zum einen läßt sich das Phänomen der Selbstbeherrschung noch weiter differenzieren. Zum andern ist noch nichts darüber gesagt, inwiefern die Zuwendung zum Glauben oder die Abkehr von Gott in die Kompetenz dieser Willenskraft fallen. Der erste Punkt tritt hervor, wenn wir uns widerwillig selbst beherrschen. Woher kommt es, wenn wir etwas freiwillig und anderes widerwillig tun? Von einem wirklich *freien* Willen könnte nur die Rede sein, wenn dieser Unterschied aus dem Willen kommt – und das ist höchst zweifelhaft. Wir mögen tun, was wir wollen, wir können aber nicht darüber verfügen, was wir wollen.

Der zweite Punkt betrifft die theologischen Aspekte der Willensfreiheit. Die reformatorische Position leugnet jede Möglichkeit, daß der sündige Mensch sich von sich aus Gott zuwenden könnte. Dafür gibt es zwei Gründe: Wenn – wie bereits Augustinus darlegt – Sünde geradezu per definitionem Selbstsucht ist, gottwidrige Selbstbezogenheit, so muß aus logischen Gründen jeder willentliche Akt einer Zuwendung zu Gott schon wieder eine Vertiefung der Sünde sein.

Wenn diese schroffe Position aus theologischen und vielleicht gar aus philosophischen Gründen plausibel erscheint, ist allerdings das Problem erst recht gestellt, wie die unvertretbare und verantwortliche Person zu beschreiben sei. Mit diesem Problem war ja bereits Augustinus konfrontiert. So gelangen wir zu einer weiteren schwierigen Frage:

(b) Worin liegt die Einheit der Person?

Wir mögen heute mit dem Hinweis auf ein kontinuierliches „Ich" antworten. Ich kann mich distanzieren von allem, was mir äußerlich ist, ich unterscheide mich von meinen Äußerungen, meinem Verhalten, meinen Gedanken. Manches ist mir näher, manches ferner, aber nichts davon ist mit mir im strengen Sinne identisch, denn es könnte immer auch eine andere Person die gleichen Gedanken haben, die gleichen Äußerungen tun und die gleichen Handlungen ausführen. Es liegt natürlich nahe, das „Ich" mit jener Fähigkeit zur freien Entscheidung zu verknüpfen.

Nun könnten wir diese Sicht auch umkehren: Weiß ich denn, wer „ich" bin? Wer ich bin – ergibt sich das nicht aus den Begegnungen mit andern Personen, die ihre unverwechselbare Subjektivität ihrerseits teilweise der Begegnung mit mir verdanken? Dann wäre ein kontinuierlicher Person„kern", der sich aus diesem Geflecht von Begegnungen gewissermaßen „heraushalten" könnte, freilich eine Fiktion.

Es gibt auch theologische Gründe für diese Annahme. Die reformatorische Position ordnet streng die Relation der Individuation vor, weil die Suche nach einem kontinuierlichen Person„kern" gerade zur Selbstverkrümmung führt, einer Grundform der Sünde. Es gibt andererseits die Möglichkeit, von Gott in Christus durch den Heiligen Geist derart ergriffen zu werden, daß der Krampf sich löst. Die Person ist dann gegründet extra se in Christo. Das ist eine Pointe der Passage Gal 2,15-21: Ich lebe, doch nun nicht ich, sondern Christus lebt in mir. Diese beiden Möglichkeiten umreißen aber keine „symmetrische" Situation. Die Person ist *entweder* in dem Wahn befangen, ihr eigenes „Ich" ergreifen zu müssen. Auch die Illusion, zwischen Selbstbezogenheit und Gottbezogenheit wählen zu können, verschließt die Person jenem Geschehen, wo sie von Gott ergriffen wird. *Oder* sie erfährt sich faktisch als von Gott ergriffen, was keineswegs ein unbewußtes oder bewußtloses Geschehen ist. Es entzieht sich nur eben der Entscheidung, so wie sich niemand dazu entschließen kann, spontan zu sein oder zu lachen.

Es ist weiterhin wichtig, daß eine derart von Gott ergriffene Person durchaus ein Gegenüber für andere Personen wird. Sie kann also antworten und sich ver-antworten. Sie kann freilich nicht über ihre Identität verfügen, und sie soll diesen Überblick auch gar nicht erstreben (vgl. Gen 3,5!). In solchen Begegnungen erfährt die Person jedenfalls ihre unverwechselbare Einheit. Es kommt nun auf die je unverwechselbare Geschichte von Begegnungen an, die eine Person zu *dieser* Person machen. So kommt die zeitliche Dimension ins Spiel. Man könnte auch sagen: die Gerichtsdimension. Die nächste Grundfrage lautet nämlich

(c) Wo fällt die Entscheidung über mein Leben?

Wenn sich die unverwechselbare Identität einer Person nur in der Geschichte ihrer Begegnungen herausbildet und ausprägt, bleibt zu überlegen, ob dies ein lebenslanger Prozeß ist, der nur im Rückblick auf das gelebte Leben ein Urteil erlaubt – oder ob es entscheidende Situationen gibt, in denen die Lebens-Geschichte unüberbietbar qualifiziert wird. Plausibel ist zunächst die Vorstellung, daß der Sinn bestimmter Lebenssituationen immer erst später aufleuchtet – wenn überhaupt. Auch theologisch gibt es einen Hintergrund: Das Gericht „nach den Werken" (2 Kor 5,10) betrifft die Unterscheidung des liebevollen Lebens von allen Spuren der Sünde. „Rechtfertigung" wäre dann im strengen Sinne ein futurisch-eschatologisches Geschehen.

Allerdings wird sowohl bei Paulus als auch bei Augustinus eine Alternative sichtbar, denn Paulus spricht von einem Sterben mit Christus, Augustinus von einer Neuschöpfung der gerechten Person mitten im Leben. Auch die reformatorische Position beschreibt den Freispruch des Sünders als Zuspruch der Gerechtigkeit Christi durch den Geist und als *unüberbietbare* schöpferische Wirklichkeit. Für das christliche Leben ergibt sich daraus die Freiheit von der Angst, Wesentliches verfehlen zu können. Wir leben von Gott her und insofern aus der Fülle. Diese Fülle auszuschreiten und zu vertiefen, ist uns allerdings aufgegeben. Jede Person in Christus wird auf unverwechselbare Weise durchdrungen von der Wirklichkeit Christi. Das Leben wird nicht nur frei von der Angst, sondern auch von der Begierde. Wo ich nichts Wesentliches mehr verpassen kann, verliert Sünde ihren Angriffspunkt, nämlich die krampfhafte Suche nach dem wahren Selbst. Die Spontaneität des Glaubens ist – mit Luthers Worten (vgl. WA 56,336) – *eigentümlich heiter*. Das Schlimmste haben wir hinter uns.

Es bleibt dennoch zu bedenken, wie sich dazu die in 2 Kor 5,10 angekündigte definitive Rechtfertigung im End-Gericht verhält. Sie muß ja die Gerechtigkeit Christi nicht überbieten, sondern könnte die Spuren dieser Gerechtigkeit in unserem Leben aufweisen und verewigen. Und jedenfalls muß auch eine Konzentration auf das unüberbietbare Geschehen der Rechtfertigung umreißen, wie das neue Leben nun fürs erste weitergehen soll.

Dieses neue Leben setzt voraus, daß mein altes Leben zuvor definitiv zu Ende gegangen ist. Das ist die Pointe der Unterscheidung von Gesetz und Evangelium. So gelangen wir zum zweiten, im engeren Sinne theologischen Fragenkreis:

(2) Wie begegnet Gott der Person?

Die augustinische Gnadenlehre macht im Gefolge von Römer- und Galaterbrief bereits deutlich, daß das Gesetz Gottes im strengen Sinne nicht direkt ans Ziel kommt, weniger zu „verwirklichen" als vielmehr zu „erfüllen" ist (vgl. Mt 5,17). Diese Erfüllung wird freilich auf einem eigentümlichen Umweg erreicht. So bricht die Frage auf:

(a) Wie erfüllen wir das Gesetz?

Die paulinische, augustinische und reformatorische Interpretation des Gesetzes könnte man als „nicht-imperativisch" bezeichnen. Mit Augustinus wäre zu sagen (und Luther knüpft hier an): *Die Gebote befolgt nur, wer sie gern befolgt.* Das Gesetz wird zur Anklage, denn schon die Notwendigkeit eines Gesetzes zeigt unseren Unwillen, die Gebote zu befolgen, von uns aus zu tun, was Gott will. Diese Paradoxie weist einige wichtige Facetten auf:

Das Gesetz konfrontiert uns mit unserer Gottesfeindschaft: wir *können* es nicht recht befolgen, solange wir nicht Gott lieben von ganzem Herzen, von ganzer Seele und mit ganzer Kraft. So ist die erste Funktion des Gesetzes die Provokation der Sünde. Darin kommt das Gesetz zur Erfüllung: Es überführt den sündigen Menschen, es lockt seine geheime Gottesfeindschaft hervor. Paulus dreht in Röm 7 die Schraube noch weiter: das Gebot *erweckt* geradezu die Lust, es zu übertreten. So treibt das gute, geistliche, gottgegebene Gesetz die Sünde hervor. Es treibt die Person in die Enge – und zwar um so mehr, je intensiver sie sich selbst und ihre Gerechtigkeit zu behaupten sucht. So wird deutlich, daß die Pointe des Gesetzes nicht imperativisch formuliert werden kann. Das gilt erst recht, wenn wir die Gebote positiv fassen: Liebe läßt sich nicht einfordern.

In diese verzweifelte Situation trifft der Zuspruch des Evangeliums, der Vergebung der Sünde durch Jesus Christus. Das Evangelium ist ein wirksamer Zuspruch, d.h. die Befreiung wird nicht nur verheißen, sondern die Verheißung wirkt zugleich die Befreiung von der Selbstsucht. So wird anschaulich, daß die Person aus der Begegnung lebt (s.o.), was durch wirksame Sprache in besonders intensiver Weise zum Ereignis werden kann. Die Befreiung führt zu einem Bruch, zur Auferweckung der Person, die nun dem Gesetz gestorben ist und in der Christus lebt (Gal 2,19f).

Damit hängt eine andere Grundfrage zusammen, die auch Paulus in Gal 2,17 anklingen läßt. Daß Gott den sündigen Menschen gerecht spricht, kann nicht bedeuten, daß für die Person alles bleibt wie zuvor. Dagegen spricht ja schon die dramatische Beschreibung des Rechtfertigungsgeschehens. Es ist aber sehr schwierig, die neue Existenz zu präzisieren, ohne die Grundaussage in Frage zu stellen, wonach Gott uns allein aus Gnade und nicht aus unseren Werken rechtfertigt. Das Problem läßt sich vielleicht so formulieren:

(b) Wie greift die Gnade Gottes in unser Leben ein?

Gesetz und Evangelium begegnen der Person als sprachliche Wirklichkeit. Dieser Akzent ist vor allem für die gegenwärtige ökumenische Diskussion um die Rechtfertigungslehre von höchster Bedeutung. Die reformatorische Position geht davon aus, daß die Person in eigentümlicher Weise durch Sprache geschaffen, gerettet und geheilt, aber auch zerstört werden kann. Daraus ergibt sich: Das Evangelium als Zuspruch der Befreiung ist keine bloße Amnestie. Hier ergeht nicht Gnade vor Recht, vielmehr wird die Person neu konstituiert. Am besten vergleichen wir dieses Geschehen mit einer Liebeserklärung, die so oder so die Beteiligten verändert. Dabei darf der Doppelaspekt des Zuspruchs der Gerechtigkeit nicht nivelliert werden: Das Wort des Gesetzes und des Evangeliums kommt von außen auf die Person zu, die sich eine solche Anklage und vor allem eine solche Zusage niemals selbst zusprechen kann. Das Wort trifft aber gerade dadurch ins Innerste.

Nun kann Paulus dieses Getroffensein im Innersten auch so ausdrücken, daß die Liebe Gottes durch den Heiligen Geist in unsere Herzen ausgegossen wird (Röm 5,5) oder daß wir nicht mehr für uns, sondern in Christus leben (Gal 2,20). Es widerspricht der Dimension des wirksamen Wortes nicht, legt aber den Akzent an eine andere Stelle, wenn die Verwandlung der Person so beschrieben wird, daß Gottes Gegenwart die Person durchdringt – und dabei die Sünde letztlich verdrängt. Sollte es nicht möglich sein, hier von einem Wachsen im Glauben zu sprechen? Die Richtung wäre gegenüber der Begegnung mit dem Wort der Rechtfertigung gewissermaßen umgekehrt, denn die innere Verwandlung der Person wird im Leben des „Christenmenschen" Gestalt gewinnen, vielleicht immer klarer und heller nach außen ausstrahlen. Dies ist der Akzent, wie die römisch-katholische Theologie ihn setzt.

Die beiden skizzierten Aspekte werden üblicherweise als „forensische" und „effektive" Rechtfertigung unterschieden: Die Person wird einerseits gerecht *gesprochen* – und zwar gerade als gottlose Person –, damit aber zugleich gerecht *gemacht*. Es kommt darauf an, diese Aspekte nicht auseinanderzureißen. Wird einseitig das Urteil Gottes betont, so kann unklar bleiben, daß es sich hier um ein wirksames, ein treffendes Wort handelt. Wird demgegenüber die neue menschliche Wirklichkeit in der Gnade hervorgehoben, so können sich hinterrücks gesetzliche Kriterien für ein rechtes christliches Leben einschleichen.

Die reformatorische Theologie hat daher die unumkehrbare Reihenfolge von göttlichem Zuspruch und menschlicher Antwort betont: Die menschliche Aktivität ist nun nicht mehr die letzte Instanz. Noch bevor ich irgendetwas tun kann, ist die Entscheidung gefallen. Alles Handeln ist immer Folge dieser Entscheidung Gottes und entspringt der durch Gottes Wort verwandelten Person. Somit kann nie vom Handeln auf den Glauben zurückgeschlossen werden. Das Handeln ist zwar gleichsam „Ausdruck" der Verwandlung. Nur sollte schon der skizzierte augustinische Gedankengang zur Vorsicht mahnen: Wenn es darauf ankommt, daß das Handeln der Liebe zu Gott entspringt und gern getan wird, so wird sich das auf der Ebene der Handlungen nicht immer abzeichnen. Es kann freilich interessant und wichtig sein, hier genauer zu differenzieren und – etwa im Interesse der Seelsorge – eine „Psychologie der Gnade" zu erarbeiten. Dabei muß allerdings das Vokabular reflektiert werden, weil die Sprachformen den ursprünglichen

Impetus verdunkeln und verfälschen können, etwa mit Imperativen am falschen Ort („du mußt nur glauben"). Die reformatorische Sprache ist reich an „paradoxen" Wendungen, weil dadurch der Abgrund der nur in Christus gehaltenen Person umrissen wird: Auch ich werde mir zum Geheimnis, wenn Christus in mir lebt.

Die „paradoxen" Wendungen der Rechtfertigungslehre, zuvörderst der „Widerspruch", daß Gott den Gottlosen rechtfertigt, markieren das letzte Spannungsfeld der Rechtfertigungslehre. Derart paradoxe Formulierungen umreißen zwar das Geheimnis der Begegnung Gottes mit der menschlichen Person, sie werfen aber die Frage auf:

(c) Wie treffen wir die rechten Unterscheidungen?

Es ist eine Versuchung, für das rechte liebevolle Leben im Glauben Kriterien zu entwerfen. Es kommt ja darauf an, daß der Geist Gottes die Person spontan das Rechte tun läßt, und zwar freiwillig. Nur kann eine solche Grundaussage zur Willkür führen, zu einem Kult der Spontaneität, der dann niemandem mehr über das eigene Tun Rechenschaft geben kann oder will. Schlimmer noch: Die reformatorische Position beschreibt den Menschen im Glauben als „zugleich sündig und zugleich gerecht" – „simul iustus et peccator". Wie kann eine solch steile Paradoxie überhaupt noch mit menschlicher Erfahrung vermittelt werden? Dabei darf freilich die Komplexität der simul-Formel nicht unterschlagen werden: Der homo peccator ist zugleich gänzlich gerecht, weil er seine Sünde ohne Rückhalt und ohne Selbstgerechtigkeit bekennt. Dazu muß er seinen Halt schon in Christus haben. Der homo iustus erkennt zugleich, daß keine Dimension seiner eigenen Existenz für sich eine Möglichkeit bietet, der Sünde zu entgehen.

Es geht also keineswegs darum, daß der Mensch in Christus gleichermaßen Sünder wäre wie der Mensch außerhalb des Leibes Christi. Allerdings muß genauer entfaltet werden, worin nun die Sünde des Gerechtfertigten noch besteht: Nach dem Grundsatz „Sünde ist, was nicht aus dem Glauben kommt" beurteilt die Person *für sich,* wo sie gesündigt hat. Da dieses Urteil auf dem Hintergrund der Liebe Gottes möglich ist, wird jede Form der Lieblosigkeit weh tun. Unterscheidungen zu treffen lernen wir demnach, indem wir sensibel werden. Daher gibt es auch ein Wachsen im Glauben. Es ist dann eine spannende Frage, ob die Versuche (nicht nur) der römisch-katholischen Gnadenlehre, hier ein „mehr und mehr" ins Spiel zu bringen, das Geheimnis des „simul" vertiefen oder verwischen.

A KONFESSIONELLE POSITIONEN

A1 reformatorisch

Die reformatorische Rechtfertigungslehre läßt sich mit der Formel der Confessio Augustana umreißen: *„daß wir Vergebung der Sünde und Gerechtigkeit vor Gott nicht erlangen mögen durch unser Verdienst, Werk und Genugtun, sondern daß wir Vergebung der Sünde bekommen und vor Gott gerecht werden aus Gnaden, um Christi willen, durch den Glauben, so wir glauben, daß Christus für uns gelitten habe, und daß uns um seinetwillen die Sünde vergeben, Gerechtigkeit und ewiges Leben geschenkt wird. Denn diesen Glauben will Gott für Gerechtigkeit vor ihm halten und zurechnen"* (CA IV).

Diese Formel ist aber nicht hinreichend präzise, was sich in den theologiegeschichtlichen Mißverständnissen abzeichnet. Es muß wenigstens deutlich werden, welche Aussagen über die menschliche Person, ihre Verstrickung in die Sünde und ihre Erlösung durch Gottes Handeln hier vorausgesetzt sind. Dann wird klar, daß mit dem Begriff „Glaube" ein heilsamer, aber radikaler Eingriff Gottes in die Person gemeint ist. Das hängt mit einem ebenso radikalen Verständnis von „Sünde" zusammen, die als Perversion des Menschen gerade in seinen höchsten Potenzen, in der Vernunft und im Willen angesiedelt ist. Die Sünde ist in erster Linie die Abwendung von Gott, noch schärfer: die Gottesfeindschaft des gottebenbildlich geschaffenen Menschen, der selbst Gott sein will. Das ist deshalb pervers, weil der Sünder nach einer Gottgleichheit greift, die ihm als Geschöpf schon geschenkt wurde und die er sich nur schenken lassen kann. So wird das ursprüngliche Gottesverhältnis – die Gerechtigkeit des Menschen vor Gott – zerstört. Das Handeln Gottes in Jesus Christus und an den Gliedern des Leibes Christi teilt uns die göttliche Gerechtigkeit wieder mit, allerdings auf höchst eigentümliche und dramatische Weise. Es kommt darauf an, die Vergebung der Sünde als Beginn des neuen Lebens aus Gott zu beschreiben. Nur dann wird deutlich, daß der Glaube kein Akt der menschlichen Person ist.

(1) Damit kommen wir zum ersten wichtigen Punkt der reformatorischen Lehre vom Menschen, der These vom *unfreien Willen* (vgl. Punkt 1a der Einleitung). Besonders bei Martin Luther tritt immer wieder hervor, daß die menschliche Sünde eine höchst zweideutige Wirklichkeit ist. Sie ist nicht zu verwechseln mit moralischer Verfehlung; es geht ja nicht darum, daß der Mensch das Gute nicht tun kann, sondern daß er es nicht tun *wollen* kann. Diese Formulierung ist so zu verstehen, daß der sündige Mensch das Gesetz Gottes solange nicht wirklich erfüllen will, als er es entweder im Hinblick auf eine Belohnung oder aus Angst vor Strafe befolgt. Luther knüpft hier an Gedanken an, die bereits bei Augustinus zu finden sind. Es läßt sich nicht verbergen, daß es dem Menschen – auf möglicherweise höchst subtile Weise – letztlich *nur um sich selbst* geht, daß er also das Gesetz Gottes nicht *ganz schlicht* um Gottes willen erfüllt. Sünde ist demnach als Gottesfeindschaft immer auch Selbstbezogenheit des Menschen; er ist *„so sehr in sich verkrümmt [incurvatus in se], daß er nicht nur die leiblichen, sondern auch die geistlichen Güter auf sich bezieht [inflectat]"* (WA 56,356).

Daher kann die Konkordienformel die Sünde des Menschen definieren als *„so tiefe Verderbnis menschlicher Natur, daß nichts Gesundes oder Unverdorbenes an Leib und Seele des Menschen, seinen innerlichen und äußerlichen Kräften geblieben ist ... Welcher Schade unaussprechlich, nicht mit der Vernunft, sondern allein aus Gottes Wort erkannt werden mag, und daß die Natur und solche Verderbnis der Natur niemand voneinander scheiden könne denn allein Gott"* (FC Epit. Art. 1).

Die Sünde darf nicht als Natur des Menschen bezeichnet werden, weil sonst zwischen der Geschöpflichkeit und der Ursünde kein Unterschied mehr zur Geltung zu bringen wäre. Die Unterscheidung entzieht sich aber dem Menschen – das ist ein wichtiger Vorbehalt. Auch der Versuch, die eigene Sünde zu erkennen und von der ursprünglichen guten menschlichen Natur zu scheiden, muß wieder der Selbstbezogenheit verfallen.

Wie kann diese Selbstbezogenheit aufgebrochen werden? Wird Sünde derart radikal als Verkehrung im Innersten der Person beschrieben, kommt eine Aktivität des sündigen Menschen bei der Überwindung dieser Verkehrung schon aus logischen Gründen nicht mehr in Betracht. Jeder *eigene* Versuch, die Selbstsucht hinter sich zu lassen, muß die Selbstbezogenheit bestätigen, wird sie bestenfalls verlagern, schlimmstenfalls verschleiern und verschärfen. Das ist der Kern von Luthers Spitzenthese, der Wille sei unfrei. Diese Dimension ist nicht zu verwechseln mit der Unterscheidung von Zwang und Freiheit. Gerade wo ich *ungezwungen* handle, tritt mein Wille hervor, und die Ausrichtung dieses Willens ist meiner Verfügung entzogen. Wenn ich nicht freiwillig handle, kann ich mich nicht dazu entscheiden, es freiwillig zu tun. Über diesen theologisch-philosophischen Problemkomplex läßt sich natürlich streiten, aber eines sollte jedenfalls klar sein: Die Behauptung des unfreien Willens macht die Person keineswegs zu einer Marionette. Sie betont ja zumindest auch die Unverfügbarkeit, das Geheimnis der Person, die nicht einfach wie eine ideale Maschine die jeweils optimale Möglichkeit wählt und ausführt, sondern als „Ich" so oder so beteiligt ist, gern oder ungern, freudig oder ängstlich handelt. Daher lehnt auch die Konkordienformel die Behauptung ab, daß der Mensch alles aus Zwang tue (vgl. FC Epit. Art. 2).

(2) Die Behauptung des unfreien Willens macht allerdings auch deutlich, wie tief die Perversion der Sünde reicht, daß sie die *Person* gänzlich bestimmt (vgl. Punkt 1b der Einleitung). Kann der sündige Mensch sich dazu entscheiden, den Willen Gottes gern zu erfüllen, ohne auf Strafe und Lohn zu schielen? Es ist keine Frage, daß er sich aus Angst oder Ehrgeiz für die Befolgung des göttlichen Willens entscheiden kann. So werden die Werke des Gesetzes zu objektiven Manifestationen der Sünde. Erfüllt wird das Gesetz Gottes aber nur, wo die Person es ganz von selbst, spontan und selbstverständlich tut – aus Liebe zu Gott. Eine solche Umkehrung des Willens ist nur von Gott her möglich. *Der Wille ist also unfrei, sofern er von Gott befreit werden, die neue Ausrichtung auf Gott empfangen muß.* Die Selbstbezogenheit als Wurzel der Sünde, die sogar noch die Befolgung des Gesetzes pervertiert, kann „von innen her" nie überwunden, sondern nur noch vertieft werden. Jeder Versuch, von mir selbst abzusehen, entspringt einem neuen Willensakt. Demnach bleibt noch in den höchsten Gestalten der Frömmigkeit – etwa in der demütigen Selbsthingabe – der Mensch das Subjekt und gelangt niemals zur wahren Hingabe

an Gott: *„wer weiß, ob er nicht auch in besonders subtiler Weise aus Furcht vor Strafe oder aus Liebe zu seinem Wohlergehen handelt, gerade in der Demut und in guten Werken eher Ruhe und Lohn sucht als den Willen Gottes?"* (WA 56,66).

Die Gerechtigkeit vor Gott wäre demgegenüber ein Verhältnis der menschlichen Person zu Gott, wo das Gefälle von Schöpfer und Geschöpf sich als ganz natürliche und lebendige Relation entfaltet, nämlich als liebevolle Antwort des Menschen auf die Liebe Gottes. Daher ist es wieder aus logischen Gründen absurd, wenn der sündige Mensch über diese Relation wenigstens teilweise verfügen, sich dazu willentlich bestimmen will. Es kommt darauf an, daß die Liebe Gottes zum menschlichen Geschöpf die Gottesliebe dieser Person entzündet – und es wäre keine wirkliche Gottesliebe, könnte der „freie" Wille hier noch eine „Entscheidung" treffen. Schon die Antwort auf die Liebe einer anderen menschlichen Person kann nur Gegenliebe sein – oder eben keine Gegenliebe. Es wäre aber grotesk, sich nach vernünftiger Abwägung von Gründen und Gegengründen zur Gegenliebe zu entschließen. Hier wird besonders deutlich, daß der Wille nur von Gott her umzukehren ist und geradezu *neu geschaffen* werden muß. Auf diesem Hintergrund leuchtet auch ein, daß das Gesetz Gottes seine Erfüllung nur in der Liebe zu Gott findet und daher nur gern erfüllt werden kann oder gar nicht.

Es wäre somit kein Gewinn, wenn das menschliche Geschöpf sich in respektvoller Frömmigkeit Gott zwar unterordnet, aber immer noch einen Entscheidungsspielraum hat, etwas anderes zu tun. Denn wer wirklich liebt, kann gar nicht anders als lieben – eine weitere Nuance des unfreien Willens, die schwerlich mit Zwang verwechselt werden kann. Luther geht deshalb bei der Beschreibung des Handelns Gottes an der menschlichen Person und ihrem Willen noch weiter: es kommt geradezu darauf an, daß das „Ich" abstirbt. Das ist die Kehrseite der steilen Formulierung, daß im Glauben der Mensch neu geschaffen wird. Soll der Sünder davon befreit werden, noch die Unterordnung unter den göttlichen Willen aus sich selbst bewirken zu wollen, so muß er von seinem Eigenwillen befreit werden.

(3) Das ist freilich ein schmerzlicher und geradezu dramatischer Prozeß, den Luther in der *Spannung von Gesetz und Evangelium* umreißt (vgl. Punkt 2a der Einleitung): Das Ge-

setz wird recht gepredigt, wenn es den sündigen Menschen dessen überführt, daß er es eigentlich nicht erfüllen *will*. Das Gesetz führt zur Erkenntnis der Sünde – allerdings nicht zu einer distanzierten Betrachtung, sondern zur schmerzlichen Wahrnehmung je meiner Sünde oder meiner selbst als Sünder. Dabei ist schon die *treffende* Verkündigung des göttlichen Gesetzeswortes vorausgesetzt. Gesetz und Evangelium sind nicht zwei „Textsorten", es sind die zwei Seiten eines Sprachgeschehens, welches die Person mit dem Willen Gottes konfrontiert und darin den menschlichen Willen zurechtbringt. Der menschliche Eigenwille vergeht in dieser Begegnung mit dem göttlichen Richterspruch. Luther beschreibt das in der Auslegung von Röm 7, aber auch in anderen Zusammenhängen. Es geht ihm um die mortificatio, die Abtötung des bei Paulus angedeuteten „inneren" Menschen, der von der Sünde gewissermaßen umprogrammiert wird, so daß er zwar dem Gesetz freudig zustimmen kann, sogleich aber die Sünde in seinen Gliedern wahrnimmt, die den „inneren Menschen" gefangennimmt und pervertiert. Solch ein Konflikt kann nur mit einem Schrei enden: „Ich elender Mensch – wer wird mich herausreißen aus diesem Todesleib?" (Röm 7,24).

Luther sieht die fundamentale Bedeutung des Gesetzes in dieser tödlichen Wirkung des göttlichen Gesetzes. Schon an dieser Stelle sollte auch deutlich werden, daß die *andere* Seite des Gotteswortes – die vergebende und darin belebende, auferweckende Kraft des Evangeliums – gleichfalls das Innerste der Person trifft und somit keineswegs eine bloße „Amnestie" meinen kann. Der Zuspruch des Evangeliums sagt gerade dem sündigen Menschen, der an sich verzweifelt, daß das Gebot *durch einen andern erfüllt* wird: „*Willst du alle Gebote erfüllen, deine böse Begierde und Sünde loswerden, wie die Gebote zwingen und fordern, sieh auf, glaube an Christus, in dem ich dir alle Gnade, Gerechtigkeit, Friede und Freiheit zusage. ... So geben die Zusagen Gottes, was die Gebote fordern, und sie vollbringen, was die Gebote heißen, damit es alles Gott eigen sei, Gebot und Erfüllung*" (TLC § 9).

Es fällt auf, daß Luther darauf verzichtet, ausdrücklich einen „dritten Gebrauch" des Gesetzes – neben dem „bürgerlichen" und dem in der Spannung zum Evangelium wirksamen im strengen Sinne „theologischen" Gebrauch – zu formulieren. Immerhin legt er in seinen Katechismen oder im

„Sermon von den guten Werken" den Dekalog für das christliche Leben aus. In der lutherischen Theologie war der dritte Gebrauch des Gesetzes umstritten. Richtschnur für das neue Leben ist nach Luther die Liebe, die aus der Vereinigung mit Christus fließt (s. u. Punkt 4). Diese unmittelbare Gottesbeziehung darf natürlich niemals wieder durch das Gesetz vermittelt und damit womöglich verstellt werden. Fragen wir aber nach der Gestalt eines solchen Lebens, so leuchtet es ein, daß Gottes Gesetz – vor allem der Dekalog – sich als Leitfaden einer christlichen Ethik aufdrängt. Es wäre inkonsequent, ausgerechnet an diesem Punkt auf eine philosophische Tugendlehre zurückzugreifen.

Die „Aufstockung" des doppelten zum dreifachen Gebrauch des Gesetzes findet sich schon bei Melanchthon, und zwar ansatzweise bereits in CA VI: *„Ebenso lehren sie, daß jener Glaube gute Früchte hervorbringen muß und daß man die von Gott gebotenen guten Werke tun muß wegen des Willens Gottes, nicht damit wir vertrauen, durch diese Werke die Rechtfertigung vor Gott zu verdienen."*

In der Mitte des 16. Jahrhunderts legten lutherische Theologen Wert auf die klare Unterscheidung von Gesetz und Evangelium, um die ganz andere Wirklichkeit der Gnade deutlich abzuheben von jedem rechtlich akzentuierten Schema. Das Evangelium liegt auf einer anderen Ebene als das Gesetz. Dagegen regte sich Widerspruch: wenn in Christus das Gesetz gerade aufgerichtet werden soll (vgl. Röm 3,31 und Mt 5,17-20), kann ein an Christus selbst ausgerichtetes Leben nicht das Gesetz ignorieren. Schließlich kam es in der Konkordienformel zu einer Kompromißformulierung:

„Obwohl die rechtgläubigen und wahrhaft zu Gott bekehrten Menschen vom Fluch und Zwang des Gesetzes durch Christus befreit und losgemacht wurden, sind sie deswegen doch nicht ohne Gesetz; sondern sie sind deshalb vom Sohn Gottes erlöst worden, daß sie sich in ihm Tag und Nacht üben sollen. ... Denn obwohl sie wiedergeboren und im Geist ihres Gemütes erneuert sind, ist doch diese Wiedergeburt und Erneuerung in dieser Welt nicht vollkommen, sondern sie hat nur angefangen; und es stehen die Gläubigen mit dem Geist ihres Gemütes in einem stetigen Kampf gegen das Fleisch ... So ist und bleibt das Gesetz bei den Bußfertigen und Unbußfertigen, wiedergeborenen und nicht wiedergeborenen Menschen ein und dasselbe Gesetz, nämlich der unwan-

delbare Wille Gottes. Der Unterschied ist, was den Gehorsam betrifft, allein bei den Menschen, von denen der eine, der noch nicht
wiedergeboren ist, das Gesetz aus Zwang und unwillig befolgt,
was es von ihm fordert ... Der Gläubige tut aber ohne Zwang mit
willigem Geist ..., was keine Drohung des Gesetzes von ihm je erzwingen könnte" (FC Epit. Art. 6).

(4) Das Sprachgeschehen von Gesetz und Evangelium
bleibt der Person keineswegs äußerlich, sondern greift ebenso
schmerzlich wie heilsam in das Leben der Person ein (vgl.
Punkt 2b der Einleitung). Dabei treten wichtige Aspekte hervor: (a) Die Verzweiflung als Ziel der Gesetzespredigt ist ein
katastrophaler Tiefpunkt, aber nicht der Schlußpunkt. Der
sündige Mensch wird in die Enge, in die Dunkelheit getrieben, weil er erst dann Gottes schöpferisches Handeln *erleidet*.
Dieser Abbruch der eigenen Aktivität ist bereits heilsam. (b)
Wenn Gott die Gebote durch meinen Glauben erfüllt, so ist
damit – sicherlich sehr pointiert – gesagt: erst wenn ich die
Gebote nicht mehr erfüllen *will*, gebe ich Gott die Ehre und
erfülle das Erste Gebot: *„Denn Gott kann nicht geehrt werden,
es sei denn, daß ihm Wahrheit und alles Gute zugeschrieben wird,
wie er denn wahrlich ist"* (TLC § 13).

(c) Die Gerechtigkeit Gottes kommt darin ans Ziel, denn
nun wird die Seele – man könnte vielleicht auch sagen: die
Person – mit Christus auf höchst intensive Weise vereinigt.
Die Seele hängt am göttlichen Wort – der Glaube ist ein ek-
statisches Leben der Person, die nicht mehr in sich selbst gründet, sondern „außer sich" ihren Stand hat. Mehr noch: Der
Glaube vereinigt *„die Seele mit Christus als eine Braut mit ihrem
Bräutigam. ... das, was Christus hat, das ist der gläubigen Seele
zu eigen; was die Seele hat, wird Christus zu eigen. ... Weil Christus Gott und Mensch ist, der noch nie gesündigt hat, ... so macht
er denn die Sünde der gläubigen Seele durch ihren Brautring –
das ist der Glaube – sich selbst zu eigen und tut nichts anderes, als
hätte er sie getan. So müssen die Sünden in ihm verschlungen und
ersäuft werden; denn seine unüberwindliche Gerechtigkeit ist
allen Sünden zu stark"* (TLC § 12).

Die Mitteilung der göttlichen Gerechtigkeit ist somit zugleich als Zuspruch der Vergebung der Sünden die Auferweckung der Person – das „Ich" wird neu geschaffen – und das
Geschenk eines neuen Lebens in Christus (Gal 2,20). Luther
beschreibt dieses in Christus gegründete neue Leben nicht nur

mit dem Bild von Braut und Bräutigam, sondern auch mit dem christologischen Begriff der communicatio idiomatum – dem „Austausch der Eigenschaften": Wie in Christus die Eigentümlichkeiten der göttlichen und menschlichen Natur weder vermengt noch getrennt werden dürfen, sondern geheimnisvoll ineinandergreifen, so muß auch die Aussage in 2 Kor 5,21 als communicatio idiomatum interpretiert werden: Gott machte „den, der von keiner Sünde wußte, für uns zur Sünde, damit wir in ihm die Gerechtigkeit Gottes würden".

Hier nimmt die Konkordienformel einige wichtige Klärungen vor, die freilich auch von Luther wegführen können. So wird mit Luther betont, daß im Glauben Christus mitsamt seiner Gerechtigkeit ergriffen wird, daß Glaube also *„nicht sei ein bloß Erkenntnis der Historien von Christo, sondern ein solche Gabe Gottes, dadurch wir Christum, unsern Erlöser, im Wort des Evangeliums recht erkennen und auf ihn vertrauen."* Die Beschreibung der Einheit mit Christus, die bei Luther im Vordergrund steht, wird allerdings zurückgenommen. Wohl betont die Konkordienformel, *„daß Christus unsere Gerechtigkeit weder nach der göttlichen Natur allein noch auch nach der menschlichen Natur allein, sondern der ganze Christus nach beiden Naturen, allein in seinem Gehorsam, sei ..., daß uns Gott die Sünde vergibt aus lauter Gnade, ... schenkt und rechnet uns zu die Gerechtigkeit des Gehorsams Christi, um welcher Gerechtigkeit willen wir bei Gott zu Gnaden angenommen und für gerecht gehalten werden ... nachdem der Mensch durch den Glauben gerechtfertiget worden, alsdann ist ein wahrhaftiger lebendiger Glaube durch die Liebe tätig"* (FC Epit. Art. 3). So wird eine strenge Abfolge von Zurechnung (reputatio) der fremden Gerechtigkeit Christi und tätiger Liebe festgeschrieben. Der „forensische" Aspekt der Rechtfertigung darf nicht mit dem „effektiven" vermengt und vor allem nicht insgeheim nachgeordnet werden. Das ist im Sinne Luthers und vor allem gegen die Rechtfertigungslehre des Tridentinums (s.u. A4) gerichtet, wonach die Rechtfertigung erst den Werken der durch den Heiligen Geist eingegossenen Liebe folgt. Die Pointe der lutherischen Rechtfertigungslehre besteht demgegenüber darin, daß die Werke aus der Erfahrung der Vergebung zwanglos folgen, als Früchte des Glaubens. Das Problem der Konzentration auf den „forensischen", „reputativen" Aspekt liegt aber darin, daß Luthers Hinweis auf einen „wunderbaren Tausch" zurücktritt.

Die „christusförmige" Existenz im Glauben hat aber zwei wichtige Konsequenzen: sie erschließt die abgründige Rede vom „simul iustus simul peccator" und die differenzierte Einheit von Glauben und Liebe:

(5) Im Gegenüber zu Christus wird das *geheimnisvolle Ineinander von Sünde und Gerechtigkeit* (vgl. Punkt 2c der Einleitung) erst durchsichtig: Der Beginn der mir von Gott mitgeteilten Gerechtigkeit ist die unverstellte und rückhaltlose Erkenntnis meiner sündigen Existenz. Erst wenn ich meine Sünde im Leiden des sündlosen Jesus Christus anschaue, ist dieser extreme Punkt erreicht – und dann lebt bereits Christus mitsamt seiner Gerechtigkeit in mir. Wenn mein altes „Ich" mitsamt der Sünde mir anschaulich wird, bin ich „woanders".

Daher ist Luthers Auslegung von Röm 7 auch so komplex: es geht um die letzten Worte des sündigen inneren Menschen, die aber in letzter Konsequenz und Schärfe nur aus der Perspektive des in Christus gegründeten Menschen gesprochen werden können. Vor allem beleuchtet die an der Christologie orientierte Denkform die vielzitierte Formel, die Person sei im Glauben „simul iustus simul peccator" – „zugleich gerecht und sündig". Damit ist nicht gemeint, die Person sei durch das Vergebungsurteil in göttlicher Perspektive gerecht, faktisch aber noch in der Sünde. Vielmehr wirkt sich die Gerechtigkeit im Lebensvollzug so aus, daß die radikale Selbsterkenntnis der Person zum Katalysator eines Lebens aus der Liebe und Gnade Gottes wird.

Der Zuspruch der Vergebung befreit die Person von ihrer verhängnisvollen Tendenz zur *Selbst*gerechtigkeit. Luther kann das Leben aus der Gnade nun durchaus als Kampf beschreiben. Der Mensch *„ist mit Gott eins, fröhlich und lustig um Christi willen, der ihm soviel getan hat, und all seine Lust besteht darin, daß er umgekehrt Gott auch umsonst [!] in freier Liebe dienen möchte. Doch in seinem Fleisch findet er einen widerspenstigen Willen, der will der Welt dienen und suchen, was ihn gelüstet. Das kann der Glaube nicht dulden, und er legt sich mit Lust an seinen Hals, um ihn zu dämpfen und ihm zu wehren"* (TLC § 20).

Der Kampf ist durchaus ernsthaft, denn es geht um einen anderen *Willen,* der gerade in der gläubigen Person hervortritt und provoziert wird. In der Tat: gerade der Mensch in der Gnade Gottes ist der Versuchung ausgesetzt, sich etwa der

34

Gnadengaben zu rühmen und selbstgerecht zu werden. Aus eigener Kraft wird er dieser Versuchung auch nicht widerstehen können. Doch sind Luthers Formulierungen bezeichnend: die Antwort auf die Liebe Gottes ist ungezwungen und frei, niemals belastet vom Druck, durch eigenes Handeln die Gerechtigkeit herstellen zu müssen, daher ein lustvoller Kampf, sofern der Mensch die eigene Sünde aus der *gelassenen* Einheit mit Christus erkennen kann. Sofern dabei die Gnade Gottes in einem je unverwechselbaren Leben Gestalt gewinnt, kann Luther die Gerechtigkeit sogar als Gnaden*gabe* bezeichnen (vgl. WA 8,106). Alle Werke aus der Gnade entspringen einem Überfluß, weil die Gerechtigkeit schon erfüllt ist. Sie sind Früchte des Glaubens (vgl. TLC § 23) und werden geleistet *„aus freiwilligem Geiste, weil sie nicht mehr unter dem Gesetz, sondern unter der Gnade sind"* (FC Epit. Art. 4).

(6) Wird dieser Überfluß anderen Menschen mitgeteilt, so kommt es zu liebevollen Begegnungen menschlicher Personen untereinander. Dabei – und *nicht erst am Ende des Lebens* (vgl. Punkt 1c der Einleitung) – kommt die wunderbare Vereinigung der Seele mit Christus ans Ziel. Nun will ich dem Vater, *„der mich mit seinen überschwenglichen Gütern so überschüttet hat, wiederum frei, fröhlich und umsonst tun, was ihm wohlgefällt, und meinem Nächsten gegenüber auch ein Christ werden, so wie Christus es mir geworden ist, und nichts mehr tun als das, wovon ich sehe, daß es ihm not, nützlich und selig ist, weil ich doch durch meinen Glauben in allen Dingen in Christus genug habe. Sieh, so fließt aus dem Glauben die Liebe und die Lust zu Gott und aus der Liebe ein freies, williges, fröhliches Leben, dem Nächsten umsonst zu dienen"* (TLC § 27).

In der Liebe wird das „Ich" wahrhaft „christusförmig" – niemals aber im Sinne einer „Eigenschaft", sondern streng ausgespannt in Beziehungen zu Gott und dem menschlichen Gegenüber.

Der Mensch darf nun handeln, aber er muß dabei nichts mehr erreichen. Seine Werke gleichen den Werken Adams und Evas im Paradies, wo Gott *„den geschaffenen Menschen ins Paradies setzte, damit er dort arbeiten und es bebauen sollte. Nun war Adam von Gott fromm und wohl geschaffen, ohne Sünde, so daß er nicht durch sein Arbeiten und Bebauen fromm und gerechtfertigt zu werden brauchte. Doch damit er nicht müßig ginge, gab ihm Gott zu schaffen, das Paradies zu bepflanzen, zu*

*bebauen und zu bewahren. Das waren eitel freie Werke gewesen,
um keines Dinges willen getan als allein, um Gott zu gefallen,
und nicht, um Frommheit zu erlangen"* (TLC § 22).

Die komplexen Bezüge der Rechtfertigungsaussagen müssen beachtet werden, weil in der Rezeptionsgeschichte deutlich wird, wie mißverständlich eine Reduktion der „Rechtfertigungslehre" auf eine Formel sein konnte. Vor allem stört immer wieder die Verengung auf die sogenannte „forensische" Rechtfertigung, die Vorstellung, daß Gott dem sündigen Menschen die Gerechtigkeit Christi „zurechnet" und ihn gerecht spricht, also nicht im Sinne eines Freispruchs, sondern eher einer Begnadigung. In der Betonung der Gerichtssituation und des göttlichen Richterspruchs steckt sicherlich ein tiefes Wahrheitsmoment von Luthers Theologie, das nur nicht isoliert und verflacht werden darf: Luther betont die Dimension der *wirksamen Sprache* in Gesetz und Evangelium. Wir haben es hier mit Gottes Wort zu tun, mit einem tötenden und lebendig machenden, richtenden und rettenden, jedenfalls schöpferischen Wort. Es kommt außerdem darauf an, daß Gottes Gerechtigkeit stets eine *fremde* Gerechtigkeit bleibt, denn wo die Sünde radikal als Selbstbezogenheit gefaßt wird, kann auch die Selbstgerechtigkeit nur eine besonders subtile Form der Sünde sein. Die fremde Gerechtigkeit in Christus reißt mich aber aus meinem todverfallenen Leben heraus (vgl. Röm 7,24). Insofern ist die Betonung einer „Zurechnung" der Gerechtigkeit einer anderen Person theologisch plausibel.

Zwischen Luthers (bzw. der lutherischen) und der reformierten Lehre von der Rechtfertigung besteht kein theologisch tiefgreifender Konflikt. Wie Luther sieht Johannes Calvin die wichtigste Funktion des Gesetzes darin, daß es die Person mit ihrer tiefsitzenden Feindschaft gegen Gott konfrontiert. Auch in der Sicht Calvins überführt das Gesetz den Sünder (Inst II,7,6). Wie bei Luther bildet diese Konfrontation mit dem Gesetz Gottes den Hintergrund für die Verkündigung des Evangeliums: Haben wir nämlich einmal erfahren, daß die Verheißungen des Gesetzes *„an uns ohne Kraft und Wirkung sind, wenn uns nicht Gott selber, abseits von allem Blick auf die Werke, aus lauter Güte in Gnaden annimmt, und haben wir diese Gnade, die uns im Evangelium dargeboten wird, im* Glauben *angenommen – so bleiben diese Verheißungen mitsamt der an sie geknüpften Bedingung nicht unwirksam"* (Inst II,7,4).

In reformierter Sicht wird der dritte Gebrauch des Gesetzes auf fruchtbare Weise akzentuiert; hier leitet der Dekalog neben dem Herrengebet dazu an, das Leben aus dem Glauben als *Dankbarkeit* gegenüber Gott zu sehen. So sieht es der Heidelberger Katechismus und wahrt damit streng die Unumkehrbarkeit des göttlichen und des menschlichen Handelns. Zugleich wird das folgsame Handeln mit einem positiven affektiven Vorzeichen versehen. Die Rechtfertigung allein durch den Glauben wird so entfaltet, daß in der Konfrontation mit dem Gesetz jede menschliche Aktivität durch die Sünde verunreinigt ist und daher vor Gott nicht bestehen kann – was auch für die guten Werke der Gläubigen gilt, weil *„die Gerechtigkeit, so vor Gottes Gericht bestehen soll, durchaus vollkommen und dem göttlichen Gesetz ganz gleichförmig sein muß (Gal 3,10; Dtn 27,26) und aber auch unsere besten Werke in diesem Leben alle unvollkommen und mit Sünden befleckt sind"* (HK Fr. 62).

Gerecht werden wir nur durch das Geschenk und die Zurechnung der Gerechtigkeit und Heiligkeit Christi, und der Begriff „Glaube" umschreibt die schlichte Tatsache, daß diese fremde Gerechtigkeit meine eigene wird. Der Glaube ist keine Aktivität – als solche wäre er sogleich wieder unvollkommen und befleckt. Gerecht „allein durch Glauben" werde ich nicht darum, *„daß ich von wegen der Würdigkeit meines Glaubens Gott gefalle, sondern darum, daß allein die Genugtuung, Gerechtigkeit und Heiligkeit Christi meine Gerechtigkeit vor Gott ist (1 Kor 1,30; 2,2) und ich dieselbe nicht anders denn allein durch den Glauben annehmen und mir zueignen kann"* (HK Fr.61).

Die negative Funktion des Glaubensbegriffs – jede eigene Aktivität auszuschließen – wird in christologischer Perspektive positiv formuliert, denn wahrer Glaube ist die durch den Heiligen Geist gewirkte Teilhabe der Gläubigen an Christus (HK Fr. 53). Die Dankbarkeit ist dann eine Selbstverständlichkeit, *„denn es unmöglich ist, daß die, so Christo durch wahren Glauben sind eingepflanzt, nicht Frucht der Dankbarkeit sollen bringen"* (HK Fr. 64).

Diese christliche Dankbarkeit wird durch die Auslegung des Dekalogs und des Herrengebetes entfaltet. Das stimmt mit Calvins Argumentationsgang überein: Gerade weil das Gesetz abgetan ist, sofern es dem Gewissen mit seiner Anklage gegenübersteht und es in Todesangst gefangenhält, kann es nun als „vollkommenes Urbild der Gerechtigkeit" (Inst II,7,13) zur

Richtschnur werden. Damit sind nun keineswegs die Werke hinterrücks wieder zum Heilsweg geworden. Wohl aber ist ein charakteristisch reformiertes Thema angeschlagen, nämlich die Heiligung des Lebens aus der von Gott geschenkten Gerechtigkeit. Auch die Heiligen nämlich müssen bis an ihr Lebensende mit der Sünde kämpfen. *„Indem Gott die Seinigen zur Wiedergeburt kommen läßt, bewirkt er freilich, daß die Herrschaft der Sünde in ihnen abgetan wird – denn er schenkt ihnen ja die Kraft seines Geistes, in der sie den Kampf gewinnen und Sieger werden sollen! -; aber die Sünde hört bloß auf, in ihnen zu herrschen, nicht aber auch, in ihnen zu* wohnen "(Inst III,3,11).

Im Leben der Gläubigen soll aber ein Gleichklang zwischen der Gerechtigkeit Gottes und dem christlichen Gehorsam stattfinden. Die Grundvoraussetzung dafür bleibt die Liebe zur Gerechtigkeit, die der Geist Gottes in unser Herz eingießt. Dieses Wirken des Gottesgeistes gewinnt dann im Leben der Gläubigen Gestalt. Keinesfalls darf hier die Reihenfolge verkehrt werden: *„Das bedeutet nicht, daß wir etwa durch das Verdienst unserer Heiligkeit in die Gemeinschaft mit Gott* gelangten. *Wir müssen im Gegenteil* zuerst *ihm anhängen, damit uns* seine *Heiligkeit durchdringe und wir* dann *folgen, wohin er uns ruft"* (Inst III,6,2). Unsere Heiligkeit besteht schlicht darin, *„daß unser Leben Christus, das Band unserer Kindschaft, zur Darstellung bringe"* (Inst III, 6,3). Wer Christus anhängt, ist dem Herrn geheiligt und geweiht. Wir gehören nicht uns selbst, wir sind vielmehr Gottes Eigentum: das ist die Grundbedeutung von „Heiligkeit". „Wir sind nicht unsere eigenen Herren – *also darf bei unseren Plänen und Taten weder unsere Vernunft noch unser Wille die Herrschaft führen ... also sollen wir uns und alles, was wir haben, soweit irgend möglich, vergessen"* (Inst III,7,1).

A2 anglikanisch

Die für die anglikanische Kirche verbindlichen 39 Artikel formulieren die reformatorische Position: *„Wir werden vor Gott gerecht erklärt nur um des Verdienstes unseres Herrn und Retters Jesu Christi willen, durch Glauben, und nicht um unserer eigenen Werke oder Würde willen. Daß wir durch Glauben allein gerechtfertigt sind, ist daher eine höchst heilsame Lehre und sehr trostvoll"* (AR § 11).

Hier wird der forensische Aspekt der Rechtfertigung deutlich gemacht durch das Wort „accounted"; die Gerechtigkeit Christi wird uns zugerechnet. Daß die effektive Dimension dabei nicht abgeblendet bleibt, zeigt ein Blick auf den Kontext. Schon der Glaube als Voraussetzung der Zurechnung der Gerechtigkeit ist ein schöpferischer Eingriff Gottes in unseren durch die Sünde gänzlich korrumpierten Willen. Denn der Mensch nach dem Fall *„kann nicht aus seiner eigenen natürlichen Kraft und in guten Werken sich bekehren und bereit machen zum Glauben und zur Anrufung Gottes. Daher haben wir kein Vermögen, gute Werke zu tun, die Gott angenehm und annehmbar sind, wenn nicht die Gnade Gottes in Christus uns zuvorkommt, daß wir einen guten Willen haben, und mit uns wirkt, wenn wir diesen guten Willen haben"* (AR § 10).

Hier wird unzweideutig eine Verwandlung des menschlichen Willens durch die Gnade Gottes formuliert, also eine Durchdringung der tiefsten personalen Dimensionen. Der Glaube ist dann keine Antwort, über die der Mensch verfügen könnte, indem er die Gnade annimmt oder sie ablehnt. Der reinen Passivität der Person gegenüber der Gnade entspricht eine steile Prädestinationslehre. Gott hat schon vor der Schöpfung entschieden, *„von Fluch und von Verdammnis zu erlösen, die er in Christus auserwählt hat aus der Menschheit"*. Diese Personen folgen dem Ruf Gottes durch die Gnade und werden von Gott aus freien Stücken gerechtfertigt. Allerdings ist die Erwählungslehre kein theologisches Konstrukt, sondern den frommen Menschen *„voll des süßen, angenehmen und unaussprechlichen Trostes"* (AR § 17). Das ist in der Tat tröstlich: auch mein Glaube hängt nicht von mir ab.

Die effektive Dimension des Rechtfertigungsgeschehens zeigt sich auch, wenn es um die guten Werke geht. Sie können nur als Früchte des Glaubens zur Geltung kommen. Einerseits fehlt ihnen die Kraft, unsere Sünden zu tilgen, und sie verfallen ihrerseits dem göttlichen Gericht, andererseits sind sie *„in Christus für Gott angenehm und annehmbar, und sie entspringen notwendig dem wahren und lebendigen Glauben"* (AR § 12). Damit wird – wie bei Luther – ein gleichsam logischer Zusammenhang expliziert: wenn nämlich schon der Glaube auf das Wirken Gottes zurückgeht und unseren Willen durchdringt, so wird sich das zwanglos auf der Ebene unserer Taten abzeichnen – aber darüber hinaus darf nichts gesagt und den

Werken keinerlei selbständige Bedeutung eingeräumt werden. Und umgekehrt: wo die Werke nicht dem Glauben an Jesus Christus entspringen, sind sie Gott nicht angenehm und in keiner Weise auf den Empfang der Gnade ausgerichtet. Hier wird explizit die spätscholastische Lehre vom „meritum de congruo" abgelehnt, wonach Gott seine Gnade dem Menschen nicht versagt, der sie nach besten natürlichen Kräften erstrebt. Für alle Werke außerhalb des Glaubens gilt: *sie werden nicht getan, wie Gott sie gewollt und zu tun geboten hat ... sie sind von Natur aus sündig"* (AR § 13).

Reformatorisch ist zuletzt auch die Sündenlehre. Der Wille des Menschen ist nicht nur geschwächt, vielmehr wird die Sünde – die Korruption des menschlichen Wesens – als natürliche Neigung zum Bösen präzisiert. Diese „Verseuchung" („infection") bleibt auch in den Wiedergeborenen und zeigt sich als Ungehorsam gegenüber dem göttlichen Gesetz. Die Begierde ist wesentlich Sünde (AR § 9). Die „Articles of Religion" lehnen also explizit die Unterscheidung zwischen concupiscentia und Sünde ab, wie sie das Konzil von Trient formuliert. Danach wäre die Begierde noch keine Sünde, solange die gläubige Person ihr nicht willentlich nachgibt (s.u. A4). Das anglikanische Bekenntnis hingegen gelangt in die Nähe von Luthers Spitzensatz „simul iustus simul peccator". Zum christlichen Leben gehören Erkenntnis und Bekenntnis der eigenen Sünde. Es ist denkbar, daß eine Person sich entfernt von der geschenkten Gnade und in Sünde fällt, *„aber wir können uns durch Gottes Gnade wieder erheben und unser Leben bessern"* (AR § 16).

Eine ausführlichere Darstellung der anglikanischen Rechtfertigungslehre findet sich in den „Sermons or Homilies". Hier wird die Nähe zur reformatorischen Theologie deutlich, zusammen mit interessanten Vertiefungen. Der Ausgangspunkt ist das geheimnisvolle trinitarische Wirken Gottes: Unsere Erlösung ist ein Geheimnis, denn Gottes Weisheit vereint Gerechtigkeit und Erbarmen. Gott wollte *„uns weder durch seine Gerechtigkeit zur ewigen Gefangenschaft des Teufels und zum Gefängnis der Hölle verdammen ..., noch durch sein Erbarmen schlichtweg erlösen, ohne Gerechtigkeit oder Erlegung eines angemessenen Lösegeldes: aber mit seinem unendlichen Erbarmen verband er seine ganz aufrechte und gleiche Gerechtigkeit"* (Serm 18).

Das göttliche Erbarmen kommt ans Ziel im freien Geschenk der Erlösung von der Gefangenschaft der Sünde. Solche Befreiung setzt aber ein Lösegeld voraus, nämlich das Opfer des Gottessohnes, der das Gesetz für uns vollkommen erfüllt hat. Das Geheimnis der Erlösung liegt demnach darin, daß wir eine *andere* Gerechtigkeit empfangen als unsere eigene und diese Gerechtigkeit im Glauben empfangen. Im Glauben wird die Person befähigt, die geheimnisvolle Spannung von Gerechtigkeit und Gnade Gottes im eigenen Leben mitzuvollziehen. Dabei muß zunächst jede eigene Gerechtigkeit des Menschen radikal ausgeschlossen werden. Nichts anderes sagt die paulinische Formel „allein durch Glauben". Dann kommt es natürlich darauf an, diesen Glauben seinerseits streng abzugrenzen von jeder menschlichen Aktivität. Der wahre und lebendige Glaube *„ist das Geschenk Gottes und nicht das Werk des Menschen allein, ohne Gott. Dennoch schließt solcher Glaube nicht Reue, Hoffnung, Liebe, Furcht und Respekt vor Gott aus, was alles mit dem Glauben verbunden ist bei jedem gerechtfertigten Menschen, er schließt all das aber aus vom Amt der Erlösung"* (Serm 19).

Diese differenzierte Beschreibung der seelisch-geistigen Dimensionen des Glaubens zielt auf das unumkehrbare Gefälle von Glauben und Glaubensäußerung. Das gilt auch für die Werke: *„Der Glaube schließt nicht die Gerechtigkeit unserer guten Werke aus ..., aber er schließt sie aus, sofern wir sie nicht tun dürfen mit der Absicht, daß wir gut gemacht werden, indem wir sie tun"* (ebd.). Die Rechtfertigung können wir daher nur empfangen, sie ist allein Gottes Amt. Dabei muß radikal auch der Glaube, sofern er als menschliche Aktivität in Betracht kommt, zu den Werken gezählt werden. Rechtfertigung allein durch Glauben meint nicht, *„daß dieser unser eigener Akt, an Christus zu glauben, oder dieser unser Glaube an Christus, der in uns ist, uns rechtfertigen und uns unsere Gerechtigkeit verdienen könnte ... Obwohl wir Gottes Wort hören und daran glauben, obwohl wir Glauben, Hoffnung, Liebe, Reue, Furcht und Respekt vor Gott in uns haben, und wie viele Werke wir auch tun mögen – wir müssen doch das Verdienst aller sogenannten Tugenden ablehnen, wie Glaube, Hoffnung, Liebe und aller anderen Tugenden und guten Taten"* (Serm 23).

Mehr noch: wegen der Verderbnis durch die Ursünde sind wir durch und durch unvollkommen, und das gilt auch für alles, was wir in uns vorfinden. Der Glaube wird in diesem Kontext ausdrücklich in einer Reihe genannt mit Liebe, Hoffnung, Furcht und Gedanken. Er rückt als Akt oder Tugend auf die Seite der Werke (Serm 25).

Im strengen Sinne allerdings meint „Glaube" letztlich wieder das geheimnisvolle Geschehen unserer Rechtfertigung. Die Pointe besteht nämlich darin, daß der lebendige Glaube, *„sei er auch eine noch so große und göttliche Tugend, uns von sich selbst absetzt und uns in Christus versetzt oder auf ihn verweist, so daß wir allein durch ihn die Vergebung unserer Sünden und unsere Rechtfertigung haben"* (Serm 24).

Glaube ist also – wie bei Luther oder Calvin – eine Existenzweise, die die Person außerhalb ihrer selbst, in Christus versetzt. Wird diese strenge Bestimmung gewahrt, so kann der Glaube genauer bestimmt und auf das innerste Leben der Person bezogen werden. Es darf ja nicht vernachlässigt werden, daß die Person im Glauben zuinnerst getroffen ist. Auf diesem Hintergrund muß nun eine zweite Abgrenzung des Begriffs „Glaube" vorgenommen werden, die als komplementäre Bestimmung zur reinen Passivität des Glaubens die Affekte der Person unterstreicht und darin eine spannungs- und geheimnisvolle Beschreibung der personalen Einheit erschließt: Auch die Person wird im Glauben zum Geheimnis, sofern sie über ihr Innerstes eben nicht verfügt.

Eine interessante Illustration der Unterscheidung zwischen dem unverfügbarem Glauben und den daraus entspringenden personalen Vollzügen – einschließlich des Glaubensaktes – findet sich in der „Declaration of the True, Lively, and Christian Faith": *„Wie der lebendige Leib eines Menschen stets tut, was zu einem natürlichen und lebendigen Leib gehört, um diesen zu nähren und zu bewahren, je nach Notwendigkeit, Möglichkeit und Gelegenheit, so wird auch die Seele, in der ein lebendiger Glaube wohnt, stets irgendein gutes Werk tun, das anzeigt, daß sie lebt, und niemals untätig sein"* (Serm 31).

Der Vergleich ist so interessant, weil er durch den Verweis auf das Leben jede falsche Betonung eines Imperativs vermeiden kann. So wie ich mir mein Leben nicht gegeben habe und es nicht in der Hand habe, jedenfalls mein Leben nicht schaffen kann – obgleich ich gerade als Lebewesen mein Leben zu bewahren suche –, so ist der Glaube nicht mein Werk, nicht von mir geschaffen. Wie aber jedes Leben sich äußert, ganz selbstverständlich und ohne dazu aufgefordert zu werden, so äußert sich der Glaube ganz von allein. Das ist eine wichtige Pointe auch in Luthers Glaubensbegriff (s.o. A1). Indem sie die Gelassenheit und Spontaneität des Glaubens unterstreicht, bewahrt anglikanische Theologie einen wichtigen Aspekt reformatorischer Theologie, der vielleicht in der protestantischen Lehrtradition vernachlässigt wurde.

Der Glaube führt zwanglos zum Handeln: Die Person befolgt die Gebote *„frei, aus wahrer Liebe vor allem, und nicht aus Furcht vor Bestrafung oder Liebe zur zeitlichen Belohnung"* (Serm 32). Diese Abgrenzung ist schon in den ersten reformatorischen Schriften Martin Luthers zu finden. Die positive Umschreibung des Gehorsams als Dankbarkeit erinnert an die reformierte Begründung des usus legis in renatis im Heidelberger Katechismus. Das Handeln aus der Liebe ist somit erneut charakterisiert als spontane Folge des Glaubens, der Erkenntnis, daß Gott uns die Gerechtigkeit Christi schenkt. Dem entspricht die Bestimmung des tätigen Glaubens: Die Person wird durch den Heiligen Geist bewegt (ebd.).

Die schon erwähnte Spannung in der Beschreibung des wahren, lebendigen Glaubens wird dadurch allerdings nicht aufgelöst. Die Person befolgt nicht nur im Glauben die Gebote, sie richtet sich auch auf Gott allein aus, möglicherweise im Gegensatz zur Welt. Glaube als Existenzweise, als Leben allein von Gott her macht die Person „standhaft, ruhig und geduldig in allen Anfechtungen" (Serm 37), ermöglicht ihr aber zugleich die radikale Distanz von der Welt, sofern die Welt die Gottesbegegnung verstellen könnte: *„Es ist nicht die Welt, der wir vertrauen können; die Welt, und alles in ihr, ist nichts als eitel. Es ist Gott, der uns vor aller Versuchung durch Schlechtigkeit und Sünde schützen und schirmen muß, gegen Irrtümer, Aberglauben, Götzendienst und alles Übel. Wäre die ganze Welt auf unserer Seite, und Gott allein gegen uns, was könnte die Welt uns nützen?"* (Serm 38)

Gerade solchem – auf den ersten Blick: weltabgewandten – Glauben entspringen die guten Werke, denn die exklusive Bindung an Gott allein macht die Person lebendig, und solches Leben drängt nach außen: *„seid eures Glaubens sicher, erprobt ihn in eurem Leben, schaut auf die Früchte, die er hervorbringt, merkt auf das Wachsen in der Liebe zu Gott und dem Nächsten, und so werdet ihr ihn als wahren und lebendigen*

Glauben wahrnehmen. ... freut euch dieses Glaubens und bewahrt ihn sorgfältig, ... laßt ihn täglich wachsen, mehr und mehr durch gutes Handeln, und so werdet ihr sicher sein, daß ihr Gott durch diesen Glauben gefällt" (Serm 40).

A3 methodistisch

Die theologischen Grundentscheidungen des Methodismus wurzeln im anglikanischen Bekenntnis, da sich diese Kirchengemeinschaft als Erweckungs- und Erneuerungsbewegung im 18. Jahrhundert innerhalb der Kirche von England gebildet hat, vor allem durch die geistliche Initiative John Wesleys (1703-1791) und seines Bruders Charles (1707-1788). Es gelten die 39 Artikel in einer Kurzfassung von John Wesley, und auch in der gekürzten Fassung findet sich die klare reformatorische Formulierung der Rechtfertigungslehre (s.o. A2). Allerdings zeichnen sich deutliche Unterschiede in der theologischen Auslegung ab, mit denen die methodistische Theologie sich einerseits von Spitzenaussagen Luthers und Calvins entfernt, andererseits die reformatorische Position zuweilen vertieft und dabei eine implizite Annäherung an die römisch-katholische und orthodoxe Theologie vollzieht. Angelpunkt ist die Betonung der Lehre vom Heiligen Geist im Rahmen der Erlösungslehre: *„das eigentliche Werk des Heiligen Geistes, sein Proprium im Wirken des trinitarischen Gottes ist die Erneuerung der Menschen von innen heraus, eine Erneuerung, die die Menschen zur Gemeinschaft mit Gott und zur Gemeinschaft untereinander befähigt"* (KM 187f).

Die Pneumatologie wird entfaltet, um die radikale Erneuerung als Wiedergeburt (vgl. Joh 3,5) zu präzisieren. Gottes Handeln an der Person soll auch als existentielle Wirklichkeit erfahrbar und wenigstens ansatzweise beschrieben werden. *„Deshalb gilt es, offen zu sein für alles, was hilft, das Wirken des Geistes Gottes in uns und an uns zu entdecken, es zu vertiefen und uns dadurch erneuern zu lassen. Dies kann in einem kontinuierlichen Prozeß geschehen, aber auch in Durchbruchserlebnissen, die uns neue Dimensionen unseres Christseins erschließen"* (KM 191). Den Angelpunkt bildet bei Wesley die Verkündigung der Liebe Gottes, die den Menschen innerlich berührt. Diese Liebe ist *„die Grundlage und der Maßstab für die erneuerte Ge-*

meinschaft miteinander, die Christen im Leib Christi erfahren,
und sie ist die Motivation, nicht mehr für sich selber zu leben,
sondern im Dienst dieser Liebe Gottes Geschenk an andere wei-
terzugeben" (KM 192).

Das Wirken des Geistes wird – wie bei den Reformatoren –
als *Befreiung* erfahren und beschrieben, denn der Mensch in
der Sünde kann gerade nicht mehr von sich aus auf Gottes Zuwendung reagieren, auch nicht der religiöse Mensch. In dieser
Befreiung wird der Glaube als Geschenk Gottes empfangen.
Dabei kommt uns die Gnade stets zuvor: *„Es ist Gottes Geist,*
der unser versteinertes Herz verwandelt in ein Herz, das wirklich
lebt und sich öffnet für Gottes Liebe und die Not des Nächsten
(Hes 11,19). Es ist der warnende Ruf des Gesetzes und die
lockende Kraft des Evangeliums, die uns zur Umkehr bewegen. Es
ist Gottes schöpferisches Wort, das aus dem Nichts menschlichen
Unglaubens Glauben schafft, das in das Dunkel von Verzweiflung
und Resignation das Licht der Erkenntnis von Gottes Liebe hin-
einstrahlen läßt und die geistlich Toten zu einem Leben mit Gott
erweckt" (KM 250).

Gut reformatorisch ist die Vertiefung des Glaubens als Wiedergeburt, als neues Leben aus Gott. *„Es geht um die schöpferi-*
sche Neugestaltung menschlicher Existenz durch Gott im Akt ihrer
Annahme durch ihn. Wiedergeburt ist die Beschreibung dessen,
was von Gott her – und allein durch ihn – am Menschen ge-
schieht, wenn er sich im Glauben ihm zuwendet. Die von Gott
eröffnete Gemeinschaft mit den Menschen begründet eine neue
Existenz und die durch Gottes Geist geschaffene neue Existenz ist
Voraussetzung für das Leben in der Gemeinschaft mit Gott" (KM
270).

Hier kann „Glaube" in strengen Sinne nur das reine Empfangen der neuen Existenz meinen. Wird die Person neu geschaffen, ist sie nicht nur rezeptiv, sondern auch passiv. Wesley beschreibt die Wiedergeburt so: *„Sie ist die große Verwand-*
lung, die Gott in der Seele bewirkt, wenn er sie ins Leben ruft, sie
auferweckt aus dem Tod der Sünde zum Leben der Gerechtigkeit.
Sie ist die Verwandlung, die durch den allmächtigen Geist Gottes
in der ganzen Seele bewirkt wird, wenn sie ,in Christus neu ge-
schaffen' wird" (zitiert nach KM 272).

Der Glaube vereinigt die Seele so intensiv mit Gott, daß sie
befreit wird vom Zwang zu sündigen (vgl. ebd.). Nun wird sie
geöffnet für das Wirken Gottes, sie kann in das Geschenk des

Glaubens vertrauensvoll einstimmen und sich Gott überlassen – gerade darin erfährt sie die Neuwerdung des eigenen Lebens.

Wie bei den Reformatoren muß beides behauptet werden: der Mensch wird erlöst – und die Person wird neu geschaffen. Das Bild der Wiedergeburt *„zeichnet einen völligen Neuanfang, streng genommen könnte man sagen: es beginnt das Leben einer neuen Person. Demgegenüber gehört es zu den Grundaussagen der Rechtfertigungsbotschaft, daß Gott die Menschen annimmt, wie sie sind, so daß sie aufhören können, sich zu verstecken oder zu verleugnen. ... Gibt es ein ‚Ich‘, das sich in beiden wiederfindet und wie wird das Verhältnis zwischen den drei Größen bestimmt? Oder gibt es den totalen Bruch zwischen alt und neu, – besteht dann aber nicht die Gefahr, daß ... damit der ‚erlöste‘ Mensch letztlich doch nicht ja zu sich selbst sagt, sondern auf der Flucht vor sich selbst bleibt?"* (KM 278).

Während Luther dieses schwierige Problem durch die Dialektik des „simul iustus – simul peccator" zu lösen sucht, betonen methodistische Überlegungen in Anknüpfung an Gal 2,19f den Herrschaftswechsel des wiedergeborenen Ich: *„Der neue Mensch bin ich, wie mich Gott gemeint hat, mit meinen Anlagen, mit meiner Charakterprägung, mit meinen Gaben und Defekten, und er ist dies in der Beziehung zu Gott, im Herrschaftsbereich seines Geistes und damit seiner Liebe, statt im Herrschaftsbereich des ‚Fleisches‘, meines in sich selbst gefangenen Egoismus"* (KM 279).

Der Wiedergeburt folgt die *Heiligung*, die Wesley als Wiederherstellung der paradiesischen Gemeinschaft mit Gott umreißt. Sie ist *„Wiedererlangung des Ebenbildes Gottes und dadurch wird der Mensch nicht nur heilig, sondern auch glücklich"* (KM 286). Die Heiligung ist nicht in erster Linie imperativisch zu formulieren, sondern entspringt der Rechtfertigung und der Wiedergeburt, weil die Personen hier *„ein neues, unverkrampftes Verhältnis zu sich selbst gefunden haben"* (KM 291).

Da nun das reformatorische „simul iustus simul peccator" nicht behauptet wird, kann Wesley sogar eine christliche Vollkommenheit einräumen, jedenfalls als Möglichkeit, als „posse non peccare". Diese Rede darf aber nur ein Hinweis sein auf *„die umfassende und tiefgreifende Wirkung der Gnade Gottes. Wo wir sie davon entlasten, beweisen zu müssen, daß es ‚christliche Vollkommenheit‘ als einen beobachtbaren und erfahrbaren Status gibt, befreien wir sie dazu, auf die Fülle und den Reichtum der*

Gnade Gottes hinzuweisen, die für unser Leben gilt" (KM 302).

Die Auflösung der reformatorischen Dialektik des „simul iustus simul peccator" zieht sich wie ein roter Faden durch die methodistische Lehre von der Erlösung. Es bleibt die Frage, ob nicht doch wieder ein neutraler Personkern vorausgesetzt ist – und damit die starken Aussagen über die Wiedergeburt bzw. die neue Schöpfung in Christus zurückgenommen werden –, wenn im Methodismus die Öffnung der Person für Gottes Gnade entfaltet wird. Es geht darum, daß *„Gottes Wirken im Geist nicht willkürlich wird"* (KM 195), daß die Menschen sich dem Wirken des Geistes öffnen, allerdings bereits durch das Wirken der „vorlaufenden Gnade" – ein in der römisch-katholischen Lehre gebräuchlicher Terminus (s.u. A4)! Diese vorlaufende Gnade wird allerdings sehr weit gefaßt als Wirken des Geistes in der Schöpfung. Dafür gibt es eine biblische Begründung: so zeigt die Geschichte vom römischen Hauptmann Cornelius (Apg 10), die für Wesley sehr wichtig war, daß *„Gottes Geist an manchen Orten schon vor unserem missionarischen Wirken gegenwärtig ist. Darin liegt keine platte Identifizierung von religiösen Phänomenen in anderen Religionen und Wirken des Geistes, aber die dankbare Anerkennung, daß Gottes Geist Menschen vorbereitet, die Botschaft des Evangeliums anzunehmen, bevor wir sie verkündigen"* (KM 200).

Die vorlaufende Gnade wird von Wesley so gefaßt, daß sie vergleichbar ist mit der geistgewirkten Gesetzespredigt bei Luther oder Calvin. Gott erweckt die Stimme des Gewissens in einem Menschen. Die vorlaufende Gnade kann konkret werden in bestimmten Impulsen für die Frage nach einem sinnerfüllten Leben, genauer: in Situationen, wo „Sinnkrisen" aufbrechen, wo Lebensangst erfahren wird. Dabei bietet Gott den Menschen „Gnadenmittel" an: *„eine Predigt, die zum Herzen spricht; Lektüre der Bibel und von Büchern, die anleiten, sie zu verstehen; erste Versuche, selbst zu beten, und die Gemeinschaft von Menschen, die durch ihr Beispiel lehren, das eigene Leben im Gebet vor Gott zu öffnen; Teilnahme am Abendmahl – all das sind Schritte, die Menschen dazu anleiten, den Weg zu Gott zu finden"* (KM 225).

Wesley hat – im Unterschied zu den Artikeln der Kirche von England (s.o. A2) – die Prädestinationslehre abgelehnt, weil sie den Ruf zum Glauben sinnlos machen und den Ernst der Heiligung zerstören würde. Sie widerspricht außerdem

47

dem biblischen Gottesbild. Das Christusgeschehen *„wird entwertet, denn der Kreuzestod ist nicht mehr Gottes umfassende Versöhnungstat für alle Menschen, sondern nur ein begrenztes Mittel zur Durchführung des entscheidenden Dekretes Gottes über den Erwählten"* (KM 220).

Dennoch wird nicht etwa der freie Wille behauptet. Wesley hat den entsprechenden anglikanischen Artikel 10 ausdrücklich übernommen. Dort findet sich in der Tat auch der Hinweis auf die Gnade Gottes, die uns zuvorkommt und uns zu einem guten Willen verhilft. Nun ergibt sich daraus folgerichtig die Frage: wenn die Person sich nicht selbst befreien kann, sondern wiedergeboren werden muß, wie kommt es dann, daß nicht alle Menschen glauben? An dieser Stelle verweisen die Reformatoren auf den Willen Gottes – was noch keine Prädestinations*lehre* einschließt! –, was die Differenz zwischen Glauben und Unglauben letzten Endes nicht erklären, sondern in Gottes Hand zurückgeben soll. Die methodistische Theologie konvergiert hier mit der orthodoxen Haltung, wonach die Differenz auf die menschliche Freiheit zurückzuführen ist. Das ist allerdings nicht mit dem Standpunkt des Erasmus von Rotterdam zu verwechseln, wonach die Differenz auf die menschliche Entscheidung für oder gegen den Glauben zurückzuführen wäre. Vielmehr geht es in den methodistischen Überlegungen um eine geschenkte Freiheit, die freilich als Freiheit auch wieder willentlich verspielt werden kann. Das ist wichtig, um die Gnade nicht als Zwang oder Automatismus zu beschreiben: Das Wirken des Geistes ist nicht unwiderstehlich, denn Gott ermöglicht dem Menschen, die Gnade anzunehmen oder abzulehnen (vgl. KM 221). Die Gnade *„geht allem menschlichen Erkennen und Entscheiden voraus. Das ist die Grundlage der paulinischen Gnadenbotschaft, wie sie durch die Reformatoren in ihrer ganzen Tiefe und Radikalität neu entdeckt und von Wesley auf seine Weise vertreten wurde. Aber dies schließt menschliches Erkennen und Entscheiden nicht aus, sondern bewirkt und ermöglicht es gerade. Beide Seiten dieser Erkenntnis festzuhalten und dem Menschen seiner Zeit weiterzugeben war Wesleys grundsätzliches Anliegen"* (KM 221f).

Es bleibt dennoch die Frage: kann aus der Tatsache, daß Menschen die Gnade annehmen oder ablehnen, geschlossen werden, daß hier eine menschliche Entscheidung zugrundeliegt? Treffen wir überall eine Entscheidung, wo mehr als eine

Möglichkeit offensteht? Mehr noch: wenn der Glaube die Seele so intensiv mit Gott vereinigt, daß sie vom Zwang zur Sünde befreit wird – wie kann es dann noch eine Entscheidung gegen die Gnade geben?

A4 römisch-katholisch

Eine Skizze der römisch-katholischen Rechtfertigungslehre kann sich am Dekret des Konzils von Trient (1547) orientieren. Hier wurde das Rechtfertigungsgeschehen als Aspekt der Gnadenlehre beschrieben, und zwar in deutlicher Abgrenzung gegen die reformatorische Theologie. Daher finden sich im Rechtfertigungsdekret auch die Lehrverurteilungen gegen die protestantische Theologie, mit denen sich der deutsche Dialog von 1986 befaßt. Im Tridentinum zeichnet sich das theologische Problem ab, einerseits die Korruption der menschlichen Natur durch die Sünde ohne Abstriche zu behaupten, andererseits aber den freien Willen und seine Beteiligung bei der Erlösung zu unterstreichen. Dabei zielen die Formulierungen auf eine strukturelle Beschreibung der Verwandlung der Person durch die Rechtfertigung. Dieses Geschehen wird als biographischer Prozeß beschrieben, der mit der Taufe beginnt und seine Erfüllung im endgültigen Freispruch durch den Richter Jesus Christus findet. Das Konzil von Trient differenziert die Bedingungen dieser Verwandlung sehr fein, und zwar am Modell der Rechtfertigung einer erwachsenen Person. Das zeichnet sich schon in der differenzierten Analyse der Begierde nach der Taufe ab: in den Getauften bleibt die Konkupiszenz als Zunder und provoziert die gläubige Person zum Kampf. Die Begierde ist keine Sünde, solange die Person ihr nicht zustimmt (DH 1515). Der Kampf ist möglich, weil der durch die Sünde gebeugte und geschwächte Wille durch die Gnade wieder gereinigt und kräftig gemacht wird.

So wahrt der *freie Wille* (vgl. Punkt 1a der Einleitung) als Kontinuum die Identität der Person, die vor und nach der Gnade dieselbe ist. Da die menschliche Natur gänzlich durch die Sünde korrumpiert ist, kann der Übergang zum Stand der Gnade nur als Wiedergeburt in der Taufe erfolgen. Die Rechtfertigung muß anfangen mit Gottes zuvorkommender Gnade – gratia praeveniens –, die als göttlicher Ruf ohne menschliche

Vorleistung ergeht und die Menschen vorbereitet, *„sich durch freie Zustimmung und Mitwirkung mit dieser Gnade ... zu ihrer eigenen Rechtfertigung zu bekehren"* (DH 1525). Wichtig ist hier die doppelte Abgrenzung: Zum einen kann der Mensch sich nicht aus eigener Kraft und Freiheit der göttlichen Gerechtigkeit zuwenden, zum andern ist sein Wille ununterbrochen aktiv, wird durch die göttliche Einhauchung zwar bewegt, könnte sich aber auch abkehren.

Allerdings bildet die Erfahrung, daß nicht alle Menschen dem Ruf Gottes folgen, den Hintergrund für die römisch-katholische Betonung der Willensfreiheit. Natürlich könnte sich die Person ohne die zuvorkommende Gnade nur weiter von Gott abkehren, sie kann sich aber auch dieser Gnade verschließen. Will man hier nicht auf die göttliche Prädestination zurückgreifen, so bleibt nur die Annahme eines von der Sünde verschonten neutralen Entscheidungsvermögens. Es zeigt sich ja in der alltäglichen Erfahrung, daß wir wenigstens prinzipiell in der Lage sind, nach der vernünftigen Beurteilung einer Situation eine Entscheidung zu treffen und unseren Willen zu bestimmen. *„Die Freiheit ist die in Verstand und Willen verwurzelte Fähigkeit, zu handeln oder nicht zu handeln, dieses oder jenes zu tun und so von sich aus bewußte Handlungen zu setzen. Durch den freien Willen kann jeder über sich selbst bestimmen. Durch seine Freiheit soll der Mensch in Wahrheit und Güte wachsen und reifen. Die Freiheit erreicht dann ihre Vollendung, wenn sie auf Gott, unsere Seligkeit, ausgerichtet ist"* (KKK 1731).

Die Freiheit ist der Grund, warum ein Mensch für seine Taten verantwortlich sein kann. Es geht stets um eine Situation, wo die Person wenigstens prinzipiell so oder so entscheiden kann. Allerdings ist die Freiheit nicht nur eine neutrale Entscheidungsinstanz, denn wahre Freiheit „gibt es nur im Dienst des Guten und der Gerechtigkeit" (KKK 1733). Diese wahre Freiheit ist durch die Sünde in Freiheit verspielt worden: *„Der Mensch hat sich tatsächlich verfehlt. Er hat freiwillig gesündigt. Indem er den liebevollen Plan Gottes zurückwies, täuschte er sich selbst; er wurde zum Sklaven der Sünde"* (KKK 1739).

Es bleibt dabei offen, wie diese radikale Perversion des Willens sich zur Behauptung einer wenigstens prinzipiell neutralen Entscheidungsinstanz verhält. Hier liegt eine der wichtigsten kontroverstheologischen Differenzen. Die römisch-ka-

tholische Lehre geht davon aus, daß trotz der Sünde ein „Rest"
von Humanität geblieben ist, der Umriß eines sittlich han-
delnden Menschen, der immerhin – auch wenn er unsittlich
handelt – dabei behaftet werden kann, daß er seine Leidenschaften in Freiheit disziplinieren könnte und soll. Im Konzil
wird die Behauptung verworfen, *„der freie Wille des Menschen
sei nach der Sünde Adams verloren und ausgelöscht worden, oder
es gehe nur um eine Bezeichnung ... ohne Inhalt"* (DH 1555).

Diese Spitzenthese Luthers leugnet nicht, daß menschliches
Handeln geprägt ist von vernünftigen Entscheidungen im Gegenüber zu möglichen Alternativen. Wir handeln nicht wie
Maschinen oder Marionetten, insofern könnte man uns „frei"
nennen. Aber Luther bestreitet, daß „frei" ein angemessener
Begriff ist. Gerade wenn wir höchst freiwillig handeln, können
wir darin zutiefst unfrei sein. Das gilt in besonderer Weise für
unsere willentliche Abkehr von Gott. Insofern besteht die
Sünde in eben dieser Perversion des Willens, der Gott frei gegenübertreten will und nicht anders kann, also in einer
Zwangsvorstellung von Freiheit gefangen bleibt. Dabei zeigt
sich allerdings auch, daß die Verwerfung durch das Konzil
nicht unbedingt auf derselben sprachlichen Ebene liegt wie die
reformatorischen Aussagen.

Wird innerhalb der Rechtfertigungslehre die Freiheit betont, so hat das Folgen für die Beschreibung der *Person* in der
Begegnung mit dem Handeln Gottes (vgl. Punkt 1b der Einleitung). Während die Reformatoren an dieser Stelle den
Glauben als höchst *intensive Passivität* präzisieren, geht es in
der römisch-katholischen Darstellung primär um einen kogni-
tiven Akt: Die Vorbereitung auf die Gerechtigkeit zielt auf den
Glauben der Person, die das Wort der Predigt annimmt und
für wahr hält, vor allem die Predigt von der Gerechtigkeit
durch den Glauben. Allerdings ist sogleich die affektive Dimension im Spiel: Die Erkenntnis der eigenen Sünde führt zu
heilsamer Erschütterung und Besinnung auf die göttliche
Barmherzigkeit, also zur Hoffnung auf Gottes Gnade um
Christi willen. So wird schließlich die Liebe zu Gott als der
Quelle aller Gerechtigkeit entzündet. Daher wendet sich die
Person mit Haß und Abscheu von der Sünde ab (DH 1526).
Schließlich nimmt sie sich vor, *„die Taufe zu empfangen, ein
neues Leben zu beginnen und die göttlichen Gebote zu beachten"*
(ebd.).

Nähe und Differenz zu reformatorischen Beschreibungen des Rechtfertigungsgeschehens sind hier sehr deutlich. Der Abschnitt hat gewisse Analogien zur Lehre von Gesetz und Evangelium. Dennoch wird die Predigt als Ruf der gratia praeveniens eher im Sinne eines „Lernprozesses" aufgefaßt. Die Verwandlung ist nicht im strengen Sinn eine Wiedergeburt – die ja die mortificatio, das Absterben des alten Menschen voraussetzt. Zwar wird im Katechismus der Katholischen Kirche betont: *„Durch die Macht des Heiligen Geistes nehmen wir am Leiden und an der Auferstehung Christi teil, indem wir der Sünde sterben und zu einem neuen Leben geboren werden"* (KKK 1988). Diese Verschärfung wird aber sogleich abgemildert, wenn die Bekehrung präzisiert wird: *„Der Mensch wird von der Gnade dazu bewogen, sich Gott zuzuwenden und von der Sünde Abstand zu nehmen"* (KKK 1989).

Die reformatorische Beschreibung ist dramatischer. Hier wird die Aktivität des freien Willens, die sich niemals bekehren kann, auf die Spitze getrieben durch die göttliche Provokation des Gesetzes, bis sie in sich zusammenbricht und neu belebt wird. Die Identität der Person bleibt in Gottes Hand und wird von Gottes Geist neu geschaffen – über einen biographischen Bruch hinweg. Dieser Grundgedanke findet sich im Rechtfertigungsdekret nicht. Vielmehr wird gerade der Bruch zugunsten einer zwar minimalen, aber kontinuierlichen Mitwirkung der Person abgewiesen; verworfen wird die Behauptung, *„der von Gott bewegte und erweckte freie Wille des Menschen wirke durch seine Zustimmung zu der Erweckung und dem Ruf Gottes nichts dazu mit, sich auf den Empfang der Rechtfertigungsgnade zuzurüsten und vorzubereiten, und er könne nicht widersprechen, wenn er wollte, sondern tue wie etwas Lebloses überhaupt nichts und verhalte sich rein passiv"* (DH 1554).

Dieser Verwerfungssatz ist genauer zu betrachten: (1) In Luthers Beschreibung bleibt der freie Wille wirksam in der Konfrontation mit der Predigt des Gesetzes, die ihn in die Enge und zur Verzweiflung treibt. Er wird provoziert, sich *gegen seinen Willen* auf den Empfang der Gnade vorzubereiten. Diese dialektische Gegenläufigkeit will beachtet sein. (2) Luther hätte wohl eher gesagt: der freie Wille kann aus sich heraus immer nur widersprechen wollen. Die neue Willensrichtung kommt niemals aus dem verkehrten Willen, sie ist unableitbar und daher etwas ganz Neues. Soll sie nicht auf einen Zufall zurückgeführt werden, kann sie nur von Gott kommen, da der Wille über seine Ausrichtung nicht verfügt (vgl. A1). (3) Diese unableitbar neue Willens*richtung* kann nicht durch eine Aktivität des Willens selber geschaffen werden, doch ist der Wille dabei keineswegs einfach leblos. Er ist passiv, sofern die neue Ausrichtung des Willens – und damit natürlich: ein neuer Wille – von Gott geschaffen wird. Erst wo dieses neue Leben schon im Geist Gestalt annimmt, kommt es zur dramatischen Erfahrung, daß der alte Wille abstirbt.

Der Rechtfertigung als Mitteilung der Taufgnade folgt nun die Heiligung und Erneuerung des inneren Menschen, und zwar *„durch die willentliche Annahme der Gnade und der Gaben"* (DH 1528). So wird der Mensch wirklich gerecht, nicht nur vor Gott – im Sinne eines „als ob" – als gerecht betrachtet. Wie Luther formuliert das Konzil in Anlehnung an Augustinus, die formale Ursache der Rechtfertigung sei *„die Gerechtigkeit Gottes, nicht jene, durch die er selbst gerecht ist, sondern die, durch die er uns gerecht macht ..., mit der von ihm beschenkt wir nämlich im Geiste unseres Gemütes erneuert werden ... und nicht nur als gerecht gelten, sondern wahrhaft gerecht heißen und sind ..., indem wir die Gerechtigkeit – ein jeder die seine – in uns aufnehmen nach dem Maß, das der Heilige Geist den einzelnen zuteilt, wie er will"* (DH 1529).

Die „Gerechtmachung" wird insgesamt so entfaltet, daß die Gnade die Freiheit der Person immer mehr auf Gott hin ausrichtet und gestaltet, also gleichsam einen „Bildungsprozeß" in Gang setzt und hält. Der Satz „Zur Freiheit hat uns Christus befreit" (Gal 5,1) wird in diesem Rahmen dann so ausgelegt: *„Die Gnade Christi beeinträchtigt unsere Freiheit keineswegs, falls diese dem Sinn für das Wahre und Gute entspricht, den Gott in das Herz des Menschen gelegt hat. ... Unsere innere Freiheit und unsere Standhaftigkeit in Prüfungen sowie gegenüber dem Druck und den Zwängen der äußeren Welt nehmen in dem Maß zu, in dem wir den Anregungen der Gnade folgen. Durch das Wirken der Gnade erzieht uns der Heilige Geist zur geistigen Freiheit, um uns zu freien Mitarbeitern seines Werkes in Kirche und Welt zu machen"* (KKK 1742).

Die Rechtfertigung wird daher biographisch präzisiert. Die Konzentration auf eine allmähliche subjektive Aneignung des göttlichen Gnadenhandelns hat zunächst die schlichte Konsequenz, daß eine definitive Entscheidung über das je persönliche Heil erst eschatologisch fallen kann. Daher gibt es *keine restlose Gewißheit* des eigenen Gnadenstandes (vgl. Punkt 1c der Einleitung): *„Denn so wie kein Gottesfürchtiger an der Barmherzigkeit Gottes, am Verdienst Christi und an der Kraft und Wirksamkeit der Sakramente zweifeln darf: so kann jeder, wenn er auf sich selbst und seine eigene Schwachheit und Unzulänglichkeit schaut, sich um seine Gnade ängstigen und fürchten ..., denn keiner vermag mit der Sicherheit des Glaubens, dem kein Trug zugrundeliegen kann, zu wissen, daß er die Gnade Gottes erlangt hat"* (DH 1534).

Mit der reformatorischen Position konvergiert die Begründung für diese subjektive Unsicherheit: niemand darf sich seines eigenen Glaubens in Selbstgerechtigkeit brüsten. Insofern wäre der Blick auf die eigene Vernunft und den eigenen Willen auch in reformatorischer Perspektive stets Grund zur Skepsis.

Die Betonung der subjektiven Aneignung der Gnade führt weiterhin zur Abgrenzung von den radikalen Aussagen Luthers zur Befolgung des *Gesetzes* (vgl. Punkt 2a der Einleitung). Das Konzil lehnt die Behauptung ab, *„die Vorschriften Gottes seien für einen gerechtfertigten Menschen unmöglich zu beobachten"* (DH 1536). Eine andere Frage ist natürlich, wie die Person in Glauben und Liebe eine andere Perspektive auf die Gebote Gottes gewinnen kann. Luther war – im Unterschied zur nachfolgenden reformatorischen Erörterung – zurückhaltend bei der Entfaltung der positiven Bedeutung des Gesetzes für die Heiligung, er hat sie aber nicht etwa ausgeschlossen. Wenn römisch-katholische Lehre freilich die Heiligung in ähnlicher Weise wie die Bekehrung als Lernprozeß umreißt, der sich auf eine immer vollkommenere Befolgung des göttlichen Willens richtet und insofern die Gebote als Leitfaden akzeptiert, so zeichnet sich darin eine grundsätzlich andere Bestimmung des Verhältnisses von Gesetz und Evangelium ab: Der Katechismus der Katholischen Kirche spricht bezeichnenderweise von Gesetz und Gnade und vom „Gesetz des Evangeliums". So wird „Gesetz" faktisch zum Oberbegriff. Daher ist die auch im ökumenischen Dialog hartnäckig verteidigte Rede von „verdienstlichen" Werken leider keine nebensächliche façon de parler: *„Die Annahme an Kindes Statt macht uns aus Gnade der göttlichen Natur teilhaftig. Sie kann uns darum der ungeschuldeten Gerechtigkeit Gottes entsprechend ein* wirkliches Verdienst *verleihen. Dies ist ein Recht aus Gnade, das volle Recht der Liebe"* (KKK 2009).

Wenn sogar noch die Gnade unter Kategorien des Rechts gebracht wird, ist der Gegensatz zur reformatorischen Theologie besonders scharf. Es fällt auf, daß zwischen dem natürlichen Sittengesetz, dem geoffenbarten Gesetz des Alten Testaments und dem gleichfalls geoffenbarten Gesetz des Evangeliums kein prinzipieller Unterschied besteht. *„Das sittliche Naturgesetz verschafft dem geoffenbarten Gesetz und der Gnade eine Grundlage, die von Gott gelegt und dem Wirken des Heiligen Geistes angemessen ist"* (KKK 1960).

Worin der inhaltliche Unterschied zum geoffenbarten Gesetz des Alten Bundes besteht, wird nicht recht deutlich. Immerhin deutet der Katechismus der Katholischen Kirche einen usus theologicus des Gesetzes (s.o. A1) an: *„Wie ein Lehrmeister zeigt es uns, was zu tun ist, gibt aber nicht von sich aus die Kraft, die Gnade des Heiligen Geistes, zu seiner Erfüllung. Weil es die Sünde nicht wegnehmen kann, bleibt es ein Gesetz der Knechtschaft. Dem hl. Paulus zufolge hat es insbesondere die Aufgabe,* die Sünde *anzuklagen und* ans Licht zu bringen, *die im Herzen des Menschen ein Gesetz der Begierlichkeit bildet"* (KKK 1963).

Das alte Gesetz hat pädagogische Funktion (vgl. KKK 1964): Es bereitet auf das Evangelium vor. Das Evangelium freilich wird zusammengefaßt in der Bergpredigt. Es richtet sich zwar auf ein Handeln aus Liebe, Gnade und Freiheit (vgl. KKK 1972), bleibt aber faktisch ein Imperativ.

Festzuhalten ist demnach ein tiefgreifender Unterschied zwischen katholischer Gnaden- und reformatorischer Rechtfertigungslehre, wenn es um die wirksame Sprache von Gesetz und Evangelium geht. Ein wirksames Wort, das die Person tötet und lebendig macht, ist zu unterscheiden von einer göttlichen Pädagogik, die der natürlichen Sittlichkeit des Menschen zur Ausbildung verhilft: *„Die Gnade entspricht den tiefen Erwartungen der menschlichen Freiheit; sie ruft diese auf, mit ihr mitzuwirken, und vervollkommnet sie"* (KKK 2022). Diese Behauptung wäre auf reformatorischer Seite unmöglich! Insgesamt wird die Wirklichkeit der Gnade (vgl. Punkt 2b der Einleitung) auf der Ebene der Sittlichkeit zur Geltung gebracht, wobei allerdings die sakramentale Dimension diese ethische Linie ergänzt und möglicherweise korrigiert. *„Die Gnade Chri-*

sti besteht darin, daß uns Gott ungeschuldet sein Leben schenkt. Er gießt es durch den Heiligen Geist in unsere Seele ein, um sie von der Sünde zu heilen und sie zu heiligen. ... Die heiligmachende Gnade ist ein bleibendes Geschenk, eine übernatürliche feste Neigung. Sie vervollkommnet die Seele, um sie zu befähigen, mit Gott zu leben und aus seiner Liebe zu handeln" (KKK 1999f).

Konkret wird diese Gemeinschaft mit Gott im christlichen Leben als Mitwirkung des Menschen mit der göttlichen Gnade: *„Ausgangspunkt für dieses Mitwirken ist immer das väterliche Handeln Gottes, das den Anstoß für das freie Handeln des Menschen gibt, so daß die Verdienste für gute Werke in erster Linie der Gnade Gottes und erst dann dem Glaubenden zuzuschreiben sind. Das Verdienst des Menschen kommt im Grunde Gott zu, denn seine guten Taten gehen in Christus aus den zuvorkommenden und helfenden Gnaden des Heiligen Geistes hervor"* (KKK 2008).

Hier kommt die Möglichkeit eines geistlichen Fortschritts in den Blick, der freilich „nach immer innigerer Vereinigung mit Christus" strebt. *„Diese Vereinigung wird ‚mystisch' genannt, weil sie durch die Sakramente – ‚die heiligen Mysterien' – am Mysterium Christi teilhat und in Christus am Mysterium der heiligsten Dreifaltigkeit"* (KKK 2014).

Die Gnadengaben gestalten das neue Leben der Person und machen sie unverwechselbar. Dabei wird durch den Heiligen Geist die Liebe eingegossen, die zusammen mit der Hoffnung erst den Glauben zur wahren Gerechtigkeit vervollständigt (vgl. DH 1530). Diese theologisch kontroverse Bestimmung des Begriffs „Glaube" (s.u. B2) war bereits früher erkennbar, wo der Glaube aus dem Hören kommt und das Wort der Verkündigung für wahr hält, was dann zur Hoffnung auf die Barmherzigkeit Gottes und zur Liebe Gottes führt. „Glaube" meint hier also einen Aspekt jenes vielschichtigen Geschehens, das Luther insgesamt als „Glaube" bezeichnet.

Die engere Fassung des Begriffs „Glaube" zeigt sich auch in der Bestimmung der Todsünde, durch die eine Person die Rechtfertigungs- und Taufgnade verlieren kann. Es ist nämlich in römisch-katholischer Sicht denkbar, daß ein Mensch zwar nicht den Glauben verliert, aber doch die Gnade der Rechtfertigung, und zwar durch Todsünden, derer man sich mit Hilfe der göttlichen Gnade enthalten kann (vgl. DH 1544).

Die römisch-katholische Gnadenlehre betont, daß der Mensch auf allen Stufen der Rechtfertigung willentlich mitwirken muß. Das hat Konsequenzen für die Entfaltung einiger weiterer Punkte. So muß die paulinische Aussage, der Mensch werde umsonst gerechtfertigt, in der präzisen Weise interpretiert werden, daß *„nichts von dem, was der Rechtfertigung vorhergeht, ob Glaube oder Werke, die Gnade der Rechtfertigung selbst verdient"* (DH 1532). Das kann auch so verstanden werden, daß Gott die Voraussetzungen umsonst bereitstellt, die menschliche Person aber die Gelegenheit ergreifen muß. Die reformatorische Problemstellung, daß die Person diese Gelegenheit gar nicht ergreifen will, schlimmer noch: wegen der Sünde nicht ergreifen wollen kann, ist hier nicht im Blick. Allerdings ist es legitim, die Rechtfertigungsgnade als Umgestaltung der menschlichen Willensregungen auf der Ebene der subjektiven Aneignung genauer zu umreißen. Luther hat hier keine Bedenken, den Glauben engstens auf die Liebe zu beziehen. Sicher kann die reformatorische Lehre mißverstanden werden, wenn sie die subjektive Aneignung nicht expliziert, um sie nicht hinterrücks wieder zum Werk zu machen, und die Gerechtigkeit Gottes als Zuspruch von außen pointiert. Dann entsteht das Mißverständnis, *„die Menschen würden entweder allein durch die Anrechnung der Gerechtigkeit Christi oder allein durch die Vergebung der Sünden ohne die Gnade und Liebe gerechtfertigt, die in ihren Herzen durch den Heiligen Geist ausgegossen wird ... und ihnen einwohnt; oder auch, die Gnade, durch die wir gerechtfertigt werden, sei nur die Gunst Gottes"* (DH 1561).

Die letzte Formulierung mag sich auf Luthers Unterscheidung von Gnade und Gabe richten (WA 8,105ff). Gegen Latomus besteht Luther in der Tat auf der Gnade Gottes als einer *Begegnung* Gottes mit der menschlichen Person. Gnade ist keine innere Qualität der Person. Die Gnade Gottes führt aber dazu, daß die menschliche Person gänzlich aus Gott lebt, und insofern kann sie auf einer anderen Ebene beschrieben werden in ihrem Kampf gegen die eigene Sündhaftigkeit. In diesem Kampf zeigen sich – im Sinne von 1 Kor 12 – die Gnadengaben als menschliche Wirklichkeit, wenn auch nie als Besitz. Die Gedankenführung mag für Luther charakteristisch sein: er unterscheidet nicht die „äußere" Begegnung von einer „inneren" Wirklichkeit der Person, vielmehr kommt es darauf an, daß die Person „außer sich" ist, in Gott ihre Existenz hat und von Gott her zutiefst bestimmt wird. So sind „innen" und „außen" nicht einfach entgegengesetzt.

Umgekehrt gibt es so etwas wie eine je eigene Gerechtigkeit, die noch längst keine Selbstgerechtigkeit ist, „weil sie uns von Gott durch das Verdienst Christi eingegossen wird" (DH 1547). So muß die Betonung eines „ewigen Lohns" auf römisch-katholischer Seite nicht die von den Reformatoren befürchtete Reflexion auf eigene Leistungen implizieren. *„Denn Christus Jesus selbst läßt wie das Haupt in die Glieder ... und wie der Weinstock in die Rebzweige ... in die Gerechtfertigten selbst immerdar Kraft einströmen, eine Kraft, die ihren guten Werken immer vorangeht, sie begleitet und ihnen nachfolgt, und ohne die sie auf keine Weise Gott gefällig und verdienstvoll sein könnten"* (DH 1546).

Das hat auch Luther in der Heidelberger Disputation betont: die Werke sind gut, sofern sie durch Christus in uns gewirkt werden. Allerdings: die Formulierungen des Konzils können wieder im Sinne einer additiven Synthese des freien Willens und der Gnade Christi – man könnte auch sagen: nach dem Modell eines „Kräfteparallelogramms" – aufgefaßt werden, während es Luther darauf ankommt, daß Christus zum Subjekt meiner Werke wird. Ein derart ek-statisches Wirken leuchtet in den Bestimmungen des Konzils von Trient an keiner Stelle auf. Die Person bleibt in sich zentriert. Darin dürfte wohl die entscheidende systematisch-theologische Differenz liegen.

Schwieriger ist die andere Differenz, die durch das reformatorische „simul iustus simul peccator" markiert wird (vgl. Punkt 2c der Einleitung). Dem rechten Glauben widerstreiten, *„die sagen, der Gerechte sündige in jedem guten Werke wenigstens läßlich ... oder (was noch unerträglicher ist) verdiene ewige Strafen; und auch die, die behaupten, die Gerechten sündigten in allen Werken, wenn sie in ihnen ... zusammen mit dem Hauptzweck, daß Gott verherrlicht werde, auch den ewigen Lohn im Blick haben"* (DH 1539).

Hier treffen römisch-katholische und reformatorische Position frontal aufeinander. Für Luther konzentriert sich im Bereich der Gnade der Kampf der Heiligen gegen die Sünde in erster Linie auf die immer noch lauernde Tendenz zur *Selbstgerechtigkeit*. Daher muß jedes Schielen auf die eigene subjektive Beteiligung am Prozeß der Heiligung sogleich die ganz in Christus gegründete neue Existenz gefährden, ja in Frage stellen. Daraus ergeben sich die steilen Formulierungen etwa der Heidelberger Disputation – die der Konzilstext vor Augen haben dürfte –, wonach selbst die guten Werke der Gläubigen Todsünden sein können. Insofern muß der usus elenchticus legis auch auf die Heiligen Anwendung finden. Das widerspricht an der Oberfläche natürlich einer fortschreitenden Heiligung, die sich dem Ziel des vollkommenen Gottesgehorsams immer mehr annähert. Ob hier wirklich ein sachlicher Widerspruch liegen muß, hängt an der Frage, inwiefern das Leben der Heiligen aus der immer neuen Sündenerkenntnis und -vergebung Gestalt gewinnt in Richtung auf eine christliche Vollkommenheit. Diese Frage ist nicht einfach zu verneinen. Allerdings zeichnet sich hier ab, daß die Sündenvergebung für die Gerechtfertigten in römisch-katholischer Sicht eher eine Notlösung ist, während Luther die beiden Bestimmungen des Glaubensbekenntnisses – „Gemeinschaft der Heiligen" und „Vergebung der Sünden" – engstens aufeinander bezieht.

A5 orthodox

Auch die orthodoxe Lehre von der Erlösung beschreibt einen Prozeß, der die Person immer mehr in die göttliche Wirklichkeit hineinzieht. Dieser Prozeß wird als „Vergöttlichung" bezeichnet – ein begrifflicher Zusammenhang, der bereits in der Alten Kirche formuliert wurde, etwa von Athanasius: Jesus Christus *„wurde Mensch, damit wir vergöttlicht würden. Er offenbarte sich im Leibe, damit wir zur Erkenntnis des unsichtbaren Vaters gelangten; er ließ sich den Frevelmut seitens der Menschen gefallen, damit wir die Unsterblichkeit ererbten"* (Inc. § 54).

Die Menschwerdung des Gotteswortes setzt einen Prozeß in Gang, der weniger als „Bildungsprozeß" im Sinne der römisch-katholischen Gnadenlehre, sondern in geradezu *physischen* Kategorien zu beschreiben ist, weil auch die Sünde als Verfallsprozeß gesehen wird, der die Natur des Menschen wie ein Krebsgeschwür überwuchert. Die orthodoxe Erlösungslehre konzentriert sich daher auch nicht auf den Begriff „Gerechtigkeit", sondern auf Schlüsselwörter wie „Gotteserkenntnis" und „Unsterblichkeit". Gott schuf die Menschen nach seinem Bilde *„und teilte ihnen von der Kraft seines eigenen Logos mit, damit sie gleichsam einen Schatten vom Logos hätten und in dieser Vernunft selig bleiben könnten"* (Inc § 3).

Die Gotteserkenntnis folgt also aus der Teilhabe am Logos Gottes und macht den Menschen von Natur aus unsterblich. Da sich aber der sündige Mensch von Gott abkehrt, verliert er mit der Gotteserkenntnis auch die Unsterblichkeit. Weil er sich nämlich den Geschöpfen zuwendet, die aus dem Nichts erschaffen und daher vergänglich sind, sinkt er auf die Ebene der allgemeinen geschöpflichen Vergänglichkeit ab und verfällt dem Tod. Das ist keine individuelle Tat, sondern breitet sich epidemisch aus: *„auch bei ihren Verfehlungen blieben die Menschen nicht bei bestimmten Grenzen stehen, sondern sie kamen nach und nach immer weiter und haben schließlich kein Maß mehr gekannt. ... der vernünftige und nach dem Bilde Gottes erschaffene Mensch mußte verschwinden und das von Gott geschaffene Werk verloren gehen"* (Inc § 5f).

Für die Auseinandersetzung mit der abendländischen Rechtfertigungslehre ist zu beachten, daß in diesem Zusammenhang nicht nur die Sünde, sondern auch der *Wille* (vgl. Punkt 1a der Einleitung) weniger aus ethischer Sicht, sondern eher in seiner physischen Funktion beschrieben wird als Selbsterhaltungsstreben der Natur. Der menschliche Wille ist „von Natur aus" auf die ewige Erhaltung und Entfaltung der Person in Verbindung mit Gott gerichtet. Diese Natur ist aber durch die Sünde geschwächt, wobei der vernünftige Wille den physisch verwurzelten Affekten ausgeliefert wird. Die Person ist versuchlich – zunächst auf der Ebene körperlicher Bedürfnisse, bis die Herrschaft der Begierden durch die unvernünftigen Gewohnheiten auf die Seele selbst übergreift. Die physischen Schwächen *„führen die Seele leicht über die Grenze ihrer nötigen Befriedigung hinaus, und dann entarten sie zur Lust, zu egoistischem Mißbrauch"* (Stan 268). Die seit Augustinus immer wieder betonte Möglichkeit eines Konfliktes zwischen vernünftiger Erkenntnis und *Eigen*willen steht allerdings nicht im Zentrum. Daher bildet die Möglichkeit einer Entscheidung gegen die Gnade zunächst ebensowenig ein theologisches Problem wie die bewußte Annahme der Gnade. Allerdings wird die Gotteserkenntnis als derart kraftvoll beschrieben, daß sie auch den Willen wieder auf Gott ausrichtet.

Das Christusgeschehen wird zum Heilsereignis für uns, weil zum einen in Christus alle Menschen den Tod erleiden, den Gott als Konsequenz der Sünde verhängt hat. Die Sünde als Abkehr von Gott und physische Verstrickung in die Vergänglichkeit kann nicht in einem Akt der Reue und schon gar nicht durch einen simplen göttlichen Vergebungsspruch beseitigt werden, weil hier ein Perversionsprozeß zu therapieren ist. Der Tod Jesu Christi beschleunigt diesen Prozeß und führt die Krisis herbei. So ist nun der Tod als Konsequenz der Sünde ein für allemal erledigt – was nur der Logos Gottes bewirken kann, in dem alle Geschöpfe und insbesondere alle vernünftigen menschlichen Geschöpfe ihren Bestand haben. Nur der Logos kann für alle sterben, indem er seinen Leib in den Tod gibt. Der menschgewordene Logos bringt die Menschen zugleich – auf einem „Umweg" – wieder zur rechten Gotteserkenntnis, da sich Gott nun in der Sphäre der Vergänglichkeit offenbart. Solche Offenbarung ist kein bloß kognitiver Vorgang, denn die neu erschlossene Gotteserkenntnis verwandelt die Menschen und zieht sie mehr und mehr in die unvergängliche Wirklichkeit Gottes hinein (vgl. Punkt 1b der Einleitung). *„Und so bekleidete der unverwesliche Sohn Gottes, durch den gleichen Leib mit allen in Gemeinschaft getreten, natürlich auch alle mit der Unverweslichkeit – in der Verheißung der Auferstehung"* (Inc § 9).

Diese Verheißung nimmt dem geschöpflich-physischen Tod, den wir zweifellos vor uns haben, die Kraft, unser Leben durch die Angst vor der Endlichkeit zu bestimmen. So stehen wir immer weniger in der Versuchung, uns wieder auf das Vergängliche zu fixieren. Die durch die Menschwerdung erschlossene Gotteserkenntnis gibt den Menschen eine neue Herzensstellung, verwandelt also die innerste Bestimmtheit, die Affekte. Die Perversion der Sünde bestand darin, daß die Menschen Götzenbilder schufen und das Nichtseiende höher stellten als den wahrhaftigen Gott, *„ohne an etwas anderes zu denken als an das Sichtbare"* (Inc § 11). Nun aber ist durch die Erscheinung des Logos *„alles von der Erkenntnis Gottes angefüllt"* (Inc § 16). Im Machtbereich des Logos, der Mensch wurde, kommt es nun zur Vergöttlichung der Menschen.

Ausgangspunkt für diese Verwandlung ist die Wiedergeburt in der Taufe. Es gibt eine Vorbereitung, weil „von außen" der

Wunsch nach der Taufe geweckt werden muß. Dafür bedarf es bereits des Geistes, der etwa durch das Wort und die Existenz einer gläubigen Person wirken kann. So geschieht die Vorbereitung *„zwar außerhalb der Kirche, aber bereits in der Kraft Christi, die aus ihr hervorstrahlt und den Menschen dazu rüstet, in die Kirche einzutreten"* (Stan 267). Bis zu seiner Taufe kann der Mensch allenfalls Anläufe machen, „aus dem Panzer seiner Ichsucht auszubrechen" (Stan 266), aber erst die Wiedergeburt als Einwohnung Christi und der Gnade in der Person kräftigt den Willen so nachhaltig, daß der Kerker des Egoismus zerbricht. *„Nun verbindet sich der Geist Christi in seinem Wirken so innig mit dem menschlichen Subjekt, daß dieses das Streben nach dem Vereintwerden mit Christus in der Liebe und nach Taten der Liebe als etwas empfindet, das von ihm selbst ausgeht, obwohl es von Christus herrührt"* (Stan 267).

Aus der personalen Vereinigung mit Christus ergeben sich konsequent die eigentümlichen Aspekte der orthodoxen Gnadenlehre. Die Erbsünde wird aufgehoben, was – wie im Anschluß an Athanasius skizziert – als physischer Heilungsprozeß aufzufassen ist, der die Natur der Person der Vergänglichkeit und dem Tod entreißt. Die Erlösung von dieser Überwucherung des natürlicherweise auf Gott ausgerichteten Willens wird durch die Einwohnung Christi in der Person bewirkt. *„Der Logos wird nun gleichsam zu einem Mit-Subjekt des Willens"* (Stan 269). Diese Formulierung hat interessante Implikationen, denn die Kontinuität des „Ich" wird – im Unterschied zu Luthers Auffassung – deutlich betont, bis hin zur Mitwirkung des Willens im Entschluß zur Taufe, zugleich aber relativiert, weil die Verwandlung der Person ein menschliches Wesen gestaltet, das nicht mehr im strengen Sinne als Individuum lebt, sondern immer mehr durch die Person Christi geprägt wird. Damit nähert sich die Beschreibung der Einwohnung Christi in den Getauften dem Modell der trinitarischen Relationen an: Gottes Wort ist der „Abdruck" der eigentümlichen Person des Schöpfers (vgl. Hebr 1,3; „Charakter" meint „Prägung" und „Abdruck"). Je mehr nun dieser Aspekt der „Vergöttlichung" in den Vordergrund rückt, desto näher rückt die Beschreibung der fortschreitenden Heiligung der Person in die Nähe zur reformatorischen Grundeinsicht, daß das „Ich" von Gott her neu geschaffen wird, um stets aus dieser Relation zu leben. Ein „Ich", das gänzlich vom „Du" her lebt – also: in einer liebevollen Beziehung –, läßt das auf sich bezogene, in sich verkrümmte „Ich" radikal hinter sich.

Die paulinische Rede vom „Absterben" und „Auferweckt-werden" des alten Menschen findet in der orthodoxen Theologie ihren Ort in der Beschreibung des neuen Lebens: *„Es handelt sich nicht nur um den Tod unseres alten, sündigen Menschen, sondern um unser Sterben als Subjekt überhaupt, damit Christus als Subjekt in uns lebe (Gal 2,20). Doch ich selbst bin in Christus. Er hat sich zum inneren Subjekt meines Subjektes gemacht, ohne daß ich aufgehört hätte, in ihm als Subjekt zu leben"* (Stan 273, vgl. auch 236).

In der Tat: die Person Christi ist gleichsam noch tiefer in unserem Innern als wir selbst und drängt unseren Willen, sich der Liebe Gottes zu öffnen. Christus ist verborgen im Allerinnersten unseres Herzens. *„Nur diese letzte menschliche Tiefe kann sich der unendlichen göttlichen Tiefe öffnen. ... Christus vollzieht seinen hohepriesterlichen Dienst nicht an einem uns fremden Ort, sondern im Abgrund unseres Herzens und in der Tiefe Gottes ... Als solcher Hoherpriester will er den Abgrund unseres Herzens der Tiefe Gottes öffnen und damit das unendliche Verlangen unserer Seele nach dem Lebensquell Gottes wecken"* (Stan 271).

Pointiert könnten wir sagen: Christus vereint in heilsamer Weise das Geheimnis der menschlichen Person mit dem Geheimnis Gottes. Dabei kommt ein wichtiger Aspekt zur Geltung: die Unendlichkeit Gottes rückt den Menschen nah, wird ihnen im Innersten erfahrbar als unerschöpfliche Energie der Liebe. *„Die Gnade entgrenzt unser Leben, entschränkt unsere Existenz und stillt damit tatsächlich den Durst nach der transzendenten, personhaften Unendlichkeit. ... sie hilft uns, in der Gottähnlichkeit zuzunehmen und in der Gemeinschaft unendlicher Liebe zu Gott zu wachsen"* (Stan 233).

Diese Energie entfaltet sich, wirkt sich aus. Daher gibt es kein neues Leben ohne Werke – man beachte, daß im griechischen Wort „en-ergeia" das Wirken und somit das Werk („ergon") steckt. Diese Auffassung von den Werken steht dem von Luther bevorzugten Bild der „Früchte" recht nah – es gehört zur Natur des Baumes, daß er Früchte trägt, so wie die Liebe natürlicherweise zur Äußerung drängt. Es ist die Energie Christi, die uns durchwirkt und sich in unseren Werken auswirkt – insofern sind unsere Werke nicht nur unsere

Werke. Auch dieser Gedanke findet sich bei Luther (WA 1,355). Der physische Erlösungsprozeß führt zum Wachstum in der Gnade. Dabei fällt eine eigenartige Grundspannung von „schon" und „noch nicht" auf (vgl. Punkt 1c der Einleitung):

Einerseits wird die Freiheit bereits bei der Annahme der Taufgnade betont – die Taufe *„setzt eine Vorbereitung seitens des Menschen voraus, zumindest ein Nicht-Ablehnen und ein Sich-Öffnen"* (Stan 234) –, doch kann andererseits wirkliche Freiheit immer erst das Ergebnis der Vergöttlichung sein. Mehr noch: Auch auf orthodoxer Seite wird die scheinbare Wahlfreiheit als Folge der Sünde formuliert, also keineswegs als neutraler „Rest" der Gottebenbildlichkeit. Die wahre innere Freiheit ist gerade nicht die Wahlfreiheit. Erlösung richtet sich auf die verkehrte Freiheit, *„die durch den Sündenfall zur Wahlfreiheit zwischen Gut und Böse verkommen ist"* (Felm 140). Die gnadenhaft gewährte Freiheit unterbricht die Sünde durch Selbstentsagung, Abkehr von sich selbst und Hinwendung zu Gott. Wenn die reformatorische Position diese Umkehr dem liberum arbitrium dezidiert abspricht, so richtet sich das natürlich gegen eben jene Wahlfreiheit. Umgekehrt kann eine im Prozeß der Vergöttlichung von der Gnade provozierte Freiheit der Person durchaus an gnadenhaften Prozessen mitwirken.

Die nicht ganz leicht zu vermittelnde Differenz liegt vielleicht eher darin, daß für Luther das Rechtfertigungsgeschehen schon beginnt mit jener Durchdringung von befreiter menschlicher Freiheit und Gabe des Geistes, die in der orthodoxen Theologie als eschatologisches Ziel eines begnadeten Lebens beschrieben und angestrebt wird. In der vollendeten Person gibt es dann nichts Unbewußtes oder Unfreiwilliges mehr. In orthodoxer Perspektive wäre also zu sagen: Die Freiheit des vom Geist durchdrungenen Willens ist ein Ergebnis der Erlösung, nicht deren Voraussetzung. *„Eine vollendete Person ist voll bewußt in allen ihren Entschlüssen: sie ist frei von jedem Zwang, von jeder naturbedingten Notwendigkeit. Je mehr eine Person auf dem Wege der Einigung voranschreitet, um so bewußter wird sie"* (Loss 276).

Das impliziert gerade den Verzicht auf den Eigenwillen und die natürlichen Neigungen, und zwar einen freiwilligen – das heißt: nicht erzwungenen – Verzicht. Sonst hätte der Verzicht keinen personalen Wert. Dabei muß aber auch der andere Aspekt im Blick bleiben: *„Die Freiheitstaten des Menschen sind nicht seine Leistungen, sondern Manifestationen der Freiheit, die sich der Gnade Gottes verdankt"* (Felm 141).

Ein systematisch-theologischer Vergleich muß behutsam vorgehen, weil die orientalische Tradition die Momente Gnade und menschliche Freiheit niemals voneinander trennt und dabei den Begriff „Freiheit" auch anders bestimmt. Das Zusammenwirken – die „Synergeia" – von Gnade und Freiheit ist ein Mysterium (Loss 252) und insofern nicht als Verknüpfung von zwei selbständigen Größen zu beschreiben, was in der Tat eine Gefahr der abendländischen Theologie ist. Die Gnade entfaltet sich in der menschlichen Person, wie der Sauerteig den Teig zum Gären bringt. Genau so kann es auch Luther im Anti-Latomus sagen (WA 8,107: „fermentum mixtum est, ut peccatum expurget"). Nun dürfte die „Synergie" von Gnade und menschlicher Vernunft im Machtbereich des Geistes eine unproblematische Behauptung sein. Auch in reformatorischer Theologie ist das „Ich" immer dabei. Die Differenzen konzentrieren sich auf den Beginn des göttlichen Gnadenwirkens: die Bekehrung. Orthodoxe Theologie besteht nämlich auch auf der Freiheit des Menschen in dem Sinne, daß es eine Wahl der Person gibt, die Gnade anzunehmen oder nicht. Insofern wäre dann auch die Vorstellung einer göttlichen Prädestination abzulehnen. *„Die Prädestination nur bestimmter oder auch aller Menschen zum Heil degradierte das Heilsgeschehen zu einer einfachen Manipulation, in der über die Menschen als reine Objekte verfügt würde. So verstanden wäre das Heil nicht mehr Sache der Gemeinschaft Christi als Person mit Menschen als Personen, denn wahre Gemeinschaft läßt sich weder einseitig zuweisen noch läßt sie sich mit Gewalt erzwingen"* (Stan 242).

Das Motiv ist wichtig: auffälligerweise will Luther ja eben mit der Lehre vom unfreien Willen – der die göttliche Prädestination exakt entspricht – die Vorstellung eines auf den Menschen ausgeübten Zwanges ausschalten und zugleich die unverfügbare Tiefe des Willens zur Sprache bringen. Doch betont die orthodoxe Theologie, daß die Wahlfreiheit der Sünde zuzuordnen ist. Wie kann dann ausgerechnet die Befreiung von der Sünde letztlich der Person und ihrer Entscheidung überlassen werden? Wenn umgekehrt die reformatorische Theologie die Gnade als Umgestaltung des Willens beschreibt

– bleibt dabei nicht Spielraum für eine doppelte Beschreibung, da sich die von Gott verstockten Menschen willentlich der Gnade verschließen? Auszuschließen ist einerseits, daß unversehens der Wille sich selbst erlöst. Das gilt auch, wenn noch so sehr herausgestrichen wird, daß Gott in Christus alles getan hat und „nur" darauf wartet, daß die Person sich diesem Handeln öffnet. Das Problem ist ja gerade der sündige Unwille, das menschliche Sich-nicht-öffnen-Wollen. Das kann ein orthodoxer Theologe in einem Atemzug mit der Kritik an der abendländischen Theologie und in Übereinstimmung mit Luther behaupten: *„Die Willensfreiheit oder die Annahme einer absolut neutralen Entscheidungsfreiheit ist eine zweifelhafte Konstruktion unseres eigenen Denkens. ... Zur wahren Freiheit, zur Freiheit im Guten, gelangt der Mensch weder nur durch sich selbst, noch genötigt durch eine ihm überlegene Person"* (Stan 245). Auszuschließen ist demnach andererseits, daß der Wille aufgehoben wird. *„Der Geist nötigt nicht ..., da er selbst von aller Leidenschaft, andere zu beherrschen, frei ist"* (Stan 242).

Unberührt bleibt bei alledem, daß die Entfaltung der Gnade die wahre menschliche Freiheit immer mehr hervortreibt (vgl. Punkt 2b der Einleitung). Die orthodoxe Theologie beschreibt diesen Prozeß als Durchdringung der charakteristischen natürlichen Anlagen der Person mit einer Gnadengabe des Geistes (vgl. Stan 252). Die Existenzform der Liebe vereinigt das gläubige Subjekt mit der Person Christi, führt aber nicht zur Vermischung. Eher wäre von einem wunderbaren Tausch zu reden, denn indem Christi Geist zum Subjekt meiner Gefühle wird, tritt meine Seele aus sich heraus, verläßt und vergißt sich selbst. Sie wird gewissermaßen in Christus eingefügt, *„der Mensch wird zum Subjekt der Empfindungen des Leibes Christi"* (Stan 274). Das „Ich" lebt nur noch aus der Hingabe an andere Personen, die ihrerseits in der Begegnung mit diesem „Ich" existieren. Erst auf diesem Hintergrund wird es möglich, den Prozeß der Vergöttlichung unmißverständlich zu beschreiben, denn hier spielt die *Askese* eine große Rolle. Es ist klar, daß die Verwandlung des Willens – der nach orthodoxer Auffassung nicht von der physischen Existenz abzuziehen ist – in der Kontrolle körperlicher und seelischer Begierden ihren Ausdruck finden muß, wobei diese Notwendigkeit nicht als Imperativ, sondern eher als logische Selbstverständlichkeit zu lesen ist. Der von der Gottesliebe durchdrungenen Person wird es zunehmend leicht fallen, den Versuchungen zu widerstehen. Allerdings kann dabei keine Vollkommenheit erreicht werden, denn jedes Werk ist als Antwort auf die unendliche Liebe Gottes überbietbar: *„Bereits in dem Augenblick, in dem wir neu antworten, haben wir erst recht das Gefühl der Unvollkommenheit, des Überholten, dessen, das bereits der Vergangenheit angehört, denn in uns entsteht schon die Möglichkeit einer neuen Antwort, von der wir meinen, sie sei vollkommener. Es ist eine neue Möglichkeit, deren unsere Natur schon allein dadurch fähig ist, daß sie sich im unaufhörlichen Gespräch mit dem unendlichen Gott befinden kann, eine Fähigkeit, die sich freilich nur stufenweise entfaltet, wenn dieser Dialog auch wirklich stattfindet"* (Stan 286).

Die Skizze der Vergöttlichung sollte nicht zuletzt verständlich machen, warum für orthodoxe Theologen die Konzentration auf den biblischen Begriff „Gerechtigkeit" schwer nachzuvollziehen ist, wo doch für das erlösende Handeln Gottes so viele gleichwertige biblische Ausdrücke und Bilder bereitstehen. Noch problematischer erscheint die Verengung auf einen *juristisch* interpretierten Begriff des Rechtfertigungsgeschehens. Allerdings sollte man nicht übersehen, daß solch juridische Vorstellungen nicht nur in der Alten Kirche, sondern auch bei neueren orthodoxen Theologen durchaus vertreten sind: *„Das ganze Geheimnis unserer Erlösung durch den Tod Jesu Christi besteht darin, daß Er an unserer Stelle mit seinem Blut die Schuld bezahlt hat und voll der Gerechtigkeit Gottes Genüge getan hat für unsere Sünden"* (Felm 134).

Die Beschreibung dieser Gerechtigkeit kann sich an der heilvollen personalen Begegnung orientieren, die im Geheimnis der Dreieinigkeit ihr Urbild und in der Einwohnung Christi ihr Abbild hat. Dann ist *„die Gerechtigkeit Gottes, die unserer Natur durch Christus mitgeteilt wird, die Fülle der Güte und Harmonie [!] des göttlichen Lebens, also eine Lebensart, die derjenigen Gottes entspricht"* (Stan 258).

Gerechtigkeit als Fülle und Harmonie kann nicht mehr mißverstanden werden nach dem Muster von Leistung und Gegenleistung. Diese Gerechtigkeit kann nur der unendlichen und unerschöpflichen Tiefe der Liebe entspringen. Hier wird wieder deutlich, daß Askese keine Selbstdisziplinierung als Selbstzweck meint, sondern der Tendenz entspringt, die Liebe zu Gott immer reiner auszudrücken. Dabei wird die immer noch der Versuchung ausgesetzte Seele zunehmend geläutert, zugleich tritt die eigene Beschränkung ihr immer deutlicher vor die Augen (vgl. Punkt 2c der Einleitung). Der Prozeß der Vergöttlichung richtet sich darauf, die Seele von allem zu reinigen, was der liebevollen Existenz widersteht, und diese Läuterung ist nicht zu vollenden, denn wir spüren immer, *„daß wir uns auch jetzt noch nicht so hingeben können, wie wir möchten"* (Stan 285). Askese als äußere Form liebevoller Hingabe hat in der orthodoxen Frömmigkeit auch nichts zu tun mit einer Mißachtung der Geschöpfe. Die Dinge werden durch die Gnade frei vom Mißbrauch durch den sündigen Egoismus. So können wir sie *„in ihrem einfachen Verständnis betrachten, losgelöst von allem niedrigen Begehren, von aller Leidenschaft"* (Stan 276).

Solche Leidenschaftslosigkeit ist nicht mit Passivität zu verwechseln, weil bereits die Unterscheidung von aktiven und passiven Zuständen „dem Bereich der verderbten, der Sünde versklavten Natur" angehört (Loss 259). Sie ist eher als nüchterne Wachsamkeit zu beschreiben. Dabei tritt hervor, daß die Buße oder Reue nicht nur der Beginn des geistlichen Lebens ist, sondern als „Umsinnen" – als „metanoia" – das neue Leben gestaltet. Sie ist *„ein ständiger Exodus aus uns selbst, eine Kraft, die die Umwandlung unserer Natur bewirkt. ... Dieser Begriff der Reue entspricht der apophatischen Einstellung Gott gegenüber; je mehr man sich mit Gott vereinigt, um so besser erkennt man seine Unerkennbarkeit: je vollkommener man wird, um so besser erkennt man seine Unvollkommenheit"* (Loss 260f).

Solche gedanklichen Spannungen – die apophatische Theologie begreift immer genauer, in welcher Weise Gott unbegreiflich ist – führen zu interessanten Konvergenzen mit dem reformatorischen „simul iustus simul peccator". Wie bei Luther finden sich geradezu dialektische Zuspitzungen der orthodoxen Frömmigkeit: Die Reue als Frucht der Taufgnade wird vollendet in den „charismatischen Tränen", *„denn die Reue ist ... das lichtvolle Geschenk des Heiligen Geistes, der unser Herz durchdringt und umwandelt"* (Loss 261). Die Vollkommenheit des Gebets jenseits von Aktivität und Passivität kann auch als Selbstvergessenheit beschrieben werden; *„der Mensch tritt aus seinem Wesen heraus und weiß oft nicht mehr, ob er sich noch in dieser Welt oder im ewigen Leben befindet"* (Loss 261). Solche ekstatischen Zustände sind freilich *„vor allem für den*

Beginn des mystischen Lebens charakteristisch" (ebd.). Die letzte Stufe der Vollkommenheit und der Vergöttlichung ist die Durchdringung der Person mit der göttlichen Liebe.

B DIE ÖKUMENISCHEN DIALOGE

B1 Dialoge im Rahmen des reformatorischen Bekenntnisses

1. lutherisch/reformiert

Für die reformatorischen Kirchen ist die Rechtfertigungslehre nicht kontrovers. Allerdings gibt es Nuancen und Akzente, wenn es darum geht, wie sich das Rechtfertigungsgeschehen im Leben der von Gott begnadigten Person auswirkt.
Der lutherisch/reformierte Dialog in den USA (MG 84) hat
schon 1967 die Differenz formuliert: *„Unsere Gespräche haben
ergeben, daß Rechtfertigung und Heiligung in unseren Traditionen voneinander unterschieden und verschiedenartig aufeinander
bezogen wurden"* (§ 7).

Die „Konkordie reformatorischer Kirchen in Europa", die
1973 auf dem Leuenberg bei Basel verabschiedet wurde, hat
die Rechtfertigungslehre (MG 85f) als Botschaft von Gottes
freier Gnade umrissen und als Element einer grundlegenden
theologischen Übereinstimmung zwischen lutherischer und
reformierter Lehre hervorgehoben: *„Gott ruft durch sein Wort
im Heiligen Geist alle Menschen zu Umkehr und Glauben und
spricht dem Sünder, der glaubt, seine Gerechtigkeit in Jesus Christus zu. Wer dem Evangelium vertraut, ist um Christi willen gerechtfertigt vor Gott und von der Anklage des Gesetzes befreit. Er
lebt in täglicher Umkehr und Erneuerung zusammen mit der Gemeinde im Lobpreis Gottes und im Dienst am anderen, in der Gewißheit, daß Gott seine Herrschaft vollenden wird. So schafft Gott
neues Leben und setzt inmitten der Welt den Anfang einer neuen
Menschheit"* (§ 10).

Diese gedrängte Formulierung wird einerseits dem für die
reformierte Theologie charakteristischen Anliegen gerecht, die
Heiligung als Erneuerung des Lebens aus dem Zuspruch der
Gerechtigkeit Gottes in Jesus Christus zu verstehen. Der letzte
Satz unterstreicht aber andererseits, daß jeder Schritt in dieses
neue Leben sich dem schöpferischen Handeln Gottes verdankt. Dieses Handeln Gottes schafft erst die christliche Freiheit „zu verantwortlichem Dienst in der Welt" (§ 11).

2. lutherisch/anglikanisch

Auch zwischen der lutherischen und der anglikanischen Kirche ist die Rechtfertigungslehre nicht strittig, wie bereits die 39 Artikel der Kirche von England erwarten lassen. Die anglikanische Kirche betont allerdings die ekklesiologischen Dimensionen des göttlichen Gnadenhandelns und erschließt damit interessante Einsichten. Das zeigt etwa die sehr dichte Konsensformulierung aus dem Gespräch in den USA (1976-80): *„Miteinander bekräftigen wir, daß das Evangelium die Frohe Botschaft ist, daß für uns und für unser aller Heil Gottes Sohn Mensch wurde, alle Gerechtigkeit erfüllte, starb und von den Toten auferstanden ist nach der Schrift. Die Verkündigung dieses Evangeliums in Wort und Sakramenten beruft, bewirkt den Glauben, sammelt, erleuchtet und heiligt die ganze christliche Kirche auf Erden und erhält sie bei Jesus Christus im rechten, einigen Glauben. Dadurch führt uns der Geist in ein Leben des Dienstes und Lobes Gottes, des Vaters, des Sohnes und des Heiligen Geistes"* (MG 90).

Der zweite Satz formuliert unmißverständlich die fundamentale Einsicht Luthers, daß auch der Glaube von Gott geschaffen wird, und zwar durch ein Sprachgeschehen – die Verkündigung des Evangeliums. Damit ist sogleich die Kirche im Spiel, denn es gibt solche Verkündigung nur in der Gemeinde Jesu Christi. Die reformatorische Betonung der schlichten Passivität der Person im Geschehen der Rechtfertigung wird also unmittelbar bezogen auf den kirchlichen „Raum", wo die Personen einander begegnen. Dieser Raum ist aber genauer als „Lebensraum" zu begreifen, denn der Geist Gottes erschließt hier den Menschen ein ganz neues, auf Gott ausgerichtetes Leben. So wird die streng forensisch, nämlich als Zuspruch der Vergebung beschriebene Rechtfertigung engstens verklammert mit der effektiven Auffassung der Heiligung, der Hoffnung auf ein neues gemeinschaftliches Leben im Geist.

Die innere Kraft des Evangeliums als Sprachgeschehen betont auch der Abschnitt zur Rechtfertigungslehre, den die Anglikanisch/Lutherische Europäische Kommission 1982 formuliert hat (MG 92f). Abermals werden die fundamentalen Aspekte Vergebung und Heiligung intensiv aufeinander bezogen, und zwar in einem „nicht-theologischen" Vokabular. Das Evangelium ist *„eine Kraft, die Menschen von ihren Lasten be-*

freit und sie befähigt, Gottes Mitarbeiter darin zu sein, unserer Welt – seiner Schöpfung – zu dienen und sie zu bewohnen" (§ 17).

Die Heiligung ist demnach immer schon die Folge der Befreiung, niemals deren Voraussetzung. Das wird noch vertieft, wenn die Wirklichkeit der Kirche im Zuspruch der Vergebung gründet. Zunächst muß der Leib Christi als Geflecht neuer Beziehungen profiliert werden: Durch die Taufe werden wir *„in eine gnädige Beziehung mit dem dreieinigen Gott aufgenommen und dadurch in die Gemeinschaft der von Gott angenommenen Söhne und Töchter, seine Kirche, einverleibt ... Diese neue Beziehung wird ständig erhalten und erneuert durch Gottes Vergebung der Sünden um des Todes und der Auferstehung Jesu Christi für uns willen, und sie wird empfangen im Glauben, der Gabe des Heiligen Geistes"* (§ 19).

Die Kirche als Leib Christi lebt aus dem stets neuen Zuspruch der Vergebung – hier wird die Vorordnung des forensischen gegenüber dem effektiven Aspekt gleichsam „räumlich" dargestellt. Wir könnten auch sagen: die Heiligung bleibt auf Gottes schöpferisches Handeln im Rechtfertigungsgeschehen angewiesen, das demnach nicht auf den Beginn des Lebens im Glauben begrenzt sein kann. Wenn freilich Gottes Handeln das Leben der Christen durchdringt, so wird das im Leib Christi deutliche Spuren hinterlassen: *„Wir verstehen Heiligung im Verhältnis zu Rechtfertigung nicht nur als einen Ausdruck der Kontinuität der Rechtfertigung, der täglichen Sündenvergebung und Annahme durch Gott, sondern auch als Wachsen im Glauben und in der Liebe sowohl als Einzelpersonen als auch als Glieder der christlichen Gemeinschaft"* (§ 20).

Der Dialog verklammert – wie schon das amerikanische Gespräch – das Leben aus der Vergebung mit dem Dienst an anderen Menschen und dem Gotteslob. Die Einzelperson ist unvertretbar vor Gott, aber gerade diese unmittelbare Gottesbegegnung lebt von der Verkündigung des Wortes und der Feier der Sakramente in der Kirche. Umgekehrt ist die Kirche die „Gemeinschaft gerechtfertigter Sünder" (§ 21), die durch den Heiligen Geist zu Liebe und Gotteslob befähigt werden. So gibt es keinen Glauben ohne Liebe, also auch keine Rechtfertigung ohne Heiligung.

3. lutherisch/methodistisch

Die theologische Grundfrage nach dem Verhältnis von Rechtfertigung und Heiligung steht auch hier im Mittelpunkt. Das Lutherisch/Methodistische Lehrgespräch in der BRD von 1982 formuliert diesen doppelten Aspekt mit dem Begriffspaar „Gabe und Aufgabe". Die Heiligkeit Christi wird zugeeignet, soll aber auch im Leben der Gläubigen Ausdruck finden. *„Während die Lutheraner die Heiligung als Gabe Gottes im Geschehen der Rechtfertigung herausstellen, legen Methodisten in ihrem Verständnis der Heiligung besonderes Gewicht auf die lebensverändernde Erfahrung der Gnade Gottes und das Wachsen in der Liebe"* (MG 95).

Die unterschiedliche Betonung ist theologisch interessant: Die methodistische Seite legt Wert auf die Erfahrbarkeit des neuen Lebens, konzentriert sich also auf die subjektive Seite von Gottes Gnadenhandeln an der menschlichen Person. Nun liegt darin stets auch die Gefahr, in Selbstbeobachtung und -gerechtigkeit zurückzufallen. Insofern ist die Ergänzung der lutherischen Seite ein heilsamer Vorbehalt: Heiligung ist immer auch Gottes Gabe und somit zwar erfahrbar, aber niemals auszuloten. Wir könnten sagen: Gottes schöpferisches Handeln zeichnet sich in unserem Leben ab, kann aber niemals vollständig auf der Ebene menschlichen Lebens abgebildet werden. Umgekehrt ergibt sich freilich, daß eine nur forensische Auffassung des Rechtfertigungsgeschehens die Veränderung des Lebens abblenden muß und daher ihrerseits einseitig bleibt. In der Rechtfertigung kommt es sogleich zur Heiligung, weil die neu geschaffene Gottesbeziehung die Person in die Heiligkeit Gottes gewissermaßen hineinnimmt.

Ausführlicher wird diese komplementäre Beschreibung der subjektiven *und* der streng von Gott her, unverfügbar und insofern objektiv auf die Person zukommenden Wirklichkeit der Gnade behandelt im Bericht der Gemeinsamen Lutherisch-Methodistischen Kommission auf Weltebene (1984; MG 96-98). Hier findet sich auch ein Hinweis auf den eigentümlich methodistischen Gebrauch des Begriffs „zuvorkommende Gnade" (s.o. A3): *„Die Anhänger Wesleys betonen die zuvorkommende Gnade Gottes, die Menschen darauf vorbereitet, die rechtfertigende Gnade anzuerkennen. Sie bekennen auch die Rechtfertigung als Grundlage für die volle Erlösung in Christus.*

Methodisten verstehen Rechtfertigung durch den Glauben an Jesus Christus also als etwas, das das ganze christliche Leben durch Gottes Handeln und persönliche Aneignung initiiert und somit bestimmt" (§ 24).

Zwar wurde kurz zuvor von beiden Seiten anerkannt, daß der Heilige Geist die Person zum Vertrauen auf Gottes Handeln in Christus befähigt (vgl. § 23). Die Beschreibung der persönlichen Aneignung könnte jedoch durchaus im Sinne des Konzils von Trient gelesen werden (s.o. A4), nämlich als persönliche Antwort auf den jeweiligen „Impuls" der göttlichen Gnade. Wenn das Rechtfertigungsgeschehen das christliche Leben „initiiert" und dadurch bestimmt, so bleibt die theologische Frage, wie sich Gottes Handeln und persönliche Aneignung zueinander verhalten. Allerdings unterstreichen die Methodisten – ähnlich wie Luther – das Rechtfertigungsgeschehen als drastischen Wandel und als *„neue Geburt, in deren Folge der neugeborene Christ in sich ständig vertiefender und immer fruchtbarerer Liebe zu Gott und seinen Mitmenschen lebt"* (§ 25).

Damit wird einerseits die Passivität der menschlichen Person gegenüber dem Handeln Gottes, zugleich aber auch die personbildende Kraft dieses Handelns zur Geltung gebracht. Die Gnade Gottes durchdringt die Person, was in beiden Traditionen unterschiedlich akzentuiert werden kann. Die Menschen werden *„Gott im Glauben und ihren Nächsten in der Liebe nähergebracht. Lutheraner heben hervor, daß die Menschen in Christus gerechtfertigt und geheiligt werden und gleichzeitig doch Sünder vor Gott bleiben ... Methodisten wagen dem Wirken der Gnade Gottes für Menschen in diesem gegenwärtigen Leben keine Grenzen zu setzen"* (§ 25).

Hier wird wieder die Komplementarität der Aspekte deutlich, denn das lutherische „simul iustus simul peccator" meint keineswegs, der gerechtfertigte Christ bleibe faktisch unverändert, es zielt vielmehr auf die geschärfte Selbsterkenntnis als Sündenbekenntnis. Daraus ergibt sich logischerweise ein immer tieferer Glaube und daher auch ein Wachsen in der Liebe. Wird dieser Wachstumsprozeß genauer betrachtet, kann er natürlich auch im Sinne „der von John Wesley her übernommenen ursprünglichen Tradition" (ebd.) als Streben nach Vollkommenheit beschrieben werden – solange nur bewußt bleibt, daß Gottes Gnadenhandeln in der Rechtfertigung nicht zu überbieten ist und gerade darin das Streben nach vollkommener Liebe auf menschlicher Seite freisetzt.

Der methodistische Gebrauch des Begriffs „zuvorkommende Gnade" ist in diesem Zusammenhang interessant, weil er in einer Weise präzisiert wird, die an die Gesetzespredigt im reformatorischen Sinne erinnert: sie geht dem Glauben voraus und ist doch schon geistgewirkt. So wäre auch die zuvorkommende Gnade zu bestimmen: *„Die Gegenwart Gottes in der Welt hat ihren Mittelpunkt in Christi Erlösungshandeln. Von dieser Mitte aus segnet Gott gnädig alles Leben. Die ursprüngliche Bedeutung dieser zuvorkommenden Gnade für die Menschen liegt darin, daß ein Gespür für Recht und Unrecht entwickelt wird, daß das gefallene Leben als unter dem Zorn Gottes stehend erkannt wird und daß Menschen in die erlösende Gnade hineingeführt werden, die uns durch Wort und Sakrament geschenkt und im Glauben empfangen wird"* (§ 27).

B2 evangelisch/römisch-katholischer Dialog

In diesem Abschnitt sind neben der – zur Zeit heftig umstrittenen – „Gemeinsamen Erklärung" des Lutherischen Weltbundes und dem Päpstlichen Rat zur Förderung der Einheit der Kirchen zwei breit ausgeführte Dokumente zu behandeln, die eine Fülle theologisch bedenkenswerter Einsichten formulieren:

Der 1983 in den USA geführte Dialog zwischen Vertretern der Lutherischen und der Römisch-katholischen Kirche (MG 107-200) umfaßt einen geschichtlichen Abriß der Rechtfertigungslehre von Augustin bis zur Gegenwart. Auf diesem sehr differenzierten Hintergrund werden die Divergenzen systematisch-theologisch analysiert. Dabei zeichnet sich eine weitgehende Konvergenz im Hinblick auf die theologischen Aussagen der Gnadenlehre ab. Weniger deutlich ist die Konvergenz, wenn es um die Anwendung der Rechtfertigungslehre als Kriterium für die rechte Verkündigung und Praxis der Kirche geht (§ 152).

Der Dialog zwischen evangelischen und römisch-katholischen Theologen in der BRD wurde 1986 unter dem Titel „Lehrverurteilungen – kirchentrennend?" dokumentiert (MG 202-248). Er setzt an bei den Lehrverurteilungen der Reformationszeit. Dabei werden die theologischen Themen zunächst in bewußt plakativer Vergröberung dargestellt, nämlich im Anschluß an die wechselseitigen Lehrverurteilungen des 16. Jahrhunderts, und sodann nach einer Zwischenüberlegung zur historischen Bedingtheit dieser Verurteilungen präzise analysiert, bis sich die Komplementarität der Positionen abzeichnet.

Der Begriff der Komplementarität faßt die Feststellung zusammen, daß die Strukturen der reformatorischen und der römisch-katholischen einander ergänzen, daß allerdings auch durch unterschiedliche Denkformen scheinbare Widersprüche entstanden sind. Der USA-Dialog formuliert: *„Die katholischen Anliegen lassen sich am besten in den Kategorien der Transformation zum Ausdruck bringen, die dazu geeignet sind, einen Prozeß zu beschreiben, in dem Menschen, die gut geschaffen, jetzt aber sündhaft sind, durch das göttliche Eingießen der erlösenden Gnade zu neuem Leben geführt werden. ... Die lutherische Redeweise dagegen ist bestimmt durch die Situation der Sünder, die vor Gott (coram Deo) stehen und zugleich Gottes Wort des Urteils und der Vergebung in Gesetz und Evangelium hören. Hier konzentriert sich die Aufmerksamkeit auf diese diskontinuierliche, paradoxe und gleichzeitige doppelte Beziehung Gottes zu den Gerechtfertigten und nicht auf den kontinuierlichen Prozeß des verwandelnden Wirkens Gottes"* (§ 96).

Soll wirklich von einer Komplementarität die Rede sein, die zur angemessenen Rede von der Rechtfertigung notwendig hinzugehört, so kommt es darauf an, gerade die Spannung zwischen den einander widerstreitenden theologischen Aussagen auszuhalten und vor allem als fruchtbar zu erweisen. Das leistet an vielen Stellen die 1997 formulierte Gemeinsame Erklärung. Hier finden sich in gedrängter Form alle Elemente der theologischen Konvergenz wieder, die in den beiden ausführlichen Dokumenten erörtert werden. Die Erklärung will zeigen, daß *„die unterzeichnenden lutherischen Kirchen und die römisch-katholische Kirche nunmehr imstande sind, ein gemeinsames Verständnis unserer Rechtfertigung durch Gottes Gnade im Glauben an Christus zu vertreten"* (GE § 5).

Die Grundspannung wird zunächst im biblischen Zeugnis verankert, denn bereits im Neuen Testament finden sich die Aspekte, die jeweils unterschiedlich betont werden können: Rechtfertigung bedeutet bei Paulus Sündenvergebung und Befreiung von der Macht der Sünde und des Todes und vom Fluch des Gesetzes. Zugleich ist sie die Aufnahme in Gottes künftiges Reich und Vereinigung mit Christus, Eingliederung in den Leib Christi durch den Heiligen Geist. So zeichnen sich bei Paulus die forensische Dimension des Freispruchs und die transformatorische Dimension der Vereinigung mit Christus deutlich als zwei Seiten desselben Geschehens ab (GE § 11). Die Spannung wird vertieft durch die Einsicht, daß auch die Gerechtfertigten äußerlich und innerlich angefochten bleiben und demnach die Gerechtigkeit Gottes niemals in die eigene Verfügung nehmen können (GE § 12).

Auf diesem Hintergrund kann es zu einem gemeinsamen Hören „auf die in der Heiligen Schrift verkündigte frohe Botschaft" (GE § 14) kommen, wo der Grundkonsens mit unterschiedlichen Akzentsetzungen vereinbar ist. Der Grundkonsens lautet: *Alle Menschen sind von Gott zum Heil in Christus berufen. Allein durch Christus werden wir gerechtfertigt, indem wir im Glauben dieses Heil empfangen. Der Glaube selbst ist wiederum Geschenk Gottes durch den Heiligen Geist, der im Wort und in den Sakramenten in der Gemeinschaft der Gläubigen wirkt und zugleich die Gläubigen zu jener Erneuerung ihres Lebens führt, die Gott im ewigen Leben vollendet"* (GE § 16).

Die Entfaltung dieses Grundkonsenses – einschließlich der verschiedenen Akzentsetzungen – greift die klassischen Kontroverspunkte auf, ohne allerdings die Struktur des Dokuments von 1986 einfach zu wiederholen. Dieser Aufbau der Gemeinsamen Erklärung dient als Leitfaden für unsere Darstellung der kontroverstheologischen Details. Dabei muß es sich um eine kritische Erörterung handeln, denn schon der Dialog von 1986 hat eine teilweise recht heftige Diskussion provoziert. Der Grund dafür liegt m.E. in der Konzentration auf die Lehrverurteilungen. Das ist eine Beschränkung des Blickwinkels, die durchaus sinnvoll sein kann. Wenn sich die im 16. Jahrhundert formulierten Spitzenthesen als Extrempositionen erweisen, die in der Hitze der Konfrontation verständlich sein mögen, aber doch die je eigene Position verzerrt haben, so führt die genaue Betrachtung zum beiderseitigen Erkenntnisgewinn und zur Selbstkorrektur, was den theologischen Konsens vorbereiten mag. Der Nachteil liegt darin, daß die ursprünglichen Positionen in der Konfrontation möglicherweise gar nicht zur Sprache gekommen sind, so daß sowohl die Differenzen als auch der mögliche Konsensus auf einer tieferen Ebene des theologischen Denkens liegen könnten. Das muß in der folgenden Analyse jeweils gezeigt werden, weil zumindest die reformatorische Position im Dialog von 1986 an Tiefenschärfe eingebüßt hat. Allerdings tritt auf dem Hintergrund der kritischen Darstellung auch hervor, daß der neueste Dialog einen Erkenntnisfortschritt markiert – der allerdings gleichfalls höchst kontrovers eingeschätzt wird.

Für die Darstellung ergibt sich daraus, daß Punkt für Punkt zunächst die Ergebnisse von 1986 und ggf. von 1983 zu präsentieren sind. Der kritische Kommentar bildet in der Regel den Übergang zur Erörterung der Erklärung von 1997, die viel knapper, allerdings auch prägnanter formuliert ist als die vorläufigen Konvergenzerklärungen und zuweilen stillschweigend die kritischen Aussagen im Dokument „Lehrverurteilungen – kirchentrennend?" korrigiert.

Die mögliche Komplementarität von „dialektischer" und „transformatorischer" Beschreibung des göttlichen Gnadenhandelns wurde übrigens schon sehr früh, noch vor der konfessionellen Verhärtung der Fronten im 16. Jahrhundert, für einen Einigungsversuch fruchtbar gemacht, nämlich im Regensburger Religionsgespräch von 1540/41. Hier findet sich bereits die Unterscheidung im Wortgebrauch von „Rechtfertigung", die später immer wieder zu Mißverständnissen führen konnte. Die Wendung „duplex iustificatio" markiert die Spannung zwischen Wiedergeburt und Heiligung. Beide Momente des Rechtfertigungsgeschehens werden sehr dramatisch beschrieben: Die Wiedergeburt setzt das Absterben des sündigen Menschen voraus, wobei mortificatio und vivificatio verbunden sind durch den Glauben, der Geschenk Gottes ist, also nicht etwa aus uns kommt (ARC 32). Hier wird der personale Kontinuitätsbruch angedeutet, allerdings in der Schwebe gehalten: Die causa materialis, der „Stoff" der Rechtfertigung, sind Vernunft und Wille des Menschen. Das wird freilich sehr differenziert entfaltet: Die „erste" Rechtfertigung macht uns gerecht *umsonst, ohne vorausgehende Verdienste und ohne Gesetzeswerke, d.h. ohne Hilfe des Gesetzes, aber doch nicht einfach ohne das Gesetz oder ohne die Werke des Geistes [!] oder der zuvorkommenden Gnade, aber nicht aus einem Verdienst dieser Werke, das der Rechtfertigung würdig wäre.* "Und ähnlich kann gesagt werden: „*Wir werden gerecht gemacht, nicht durch den ei-*

genen Willen, also durch die Kräfte des Willens, aber dennoch nicht ohne unseren Willen, der durch den Glauben die heilende Gnade annehmen muß, daß er als geheilter Wille das Gesetz erfülle, nicht aber dem Gesetz unterworfen und auch nicht des Gesetzes bedürftig" (ARC 38f). Hier hat sich die reformatorische Einsicht bereits durchgesetzt, daß es die „oberen Seelenvermögen" der Person sind, wo die Gnade anzugreifen hat. Und überdies zeigt sich, daß die Rechtfertigung den Willen durchgreifend ändert, so daß die Erfüllung des Gesetzes niemals „gesetzlich" wird.

Auch die Heiligung wird als dramatisches Geschehen nachgezeichnet, nämlich als „geistliche und wunderbare Metamorphose des beseelten Menschen, der von Gott her der Macht der Dunkelheit entrissen und in das wunderbare Licht versetzt wird und aus der angeborenen Knechtschaft der Korruption in die geistliche Freiheit geführt wird" (ARC 31). Christi Gerechtigkeit als causa formalis unserer Rechtfertigung wird im Glauben empfangen und angeeignet, wodurch wir den Geist der Liebe empfangen. Der Glaube ist die Wurzel, die Werke des Glaubens und der Liebe sind die Frucht (ARC 39). Und „die Ermahnungen, unsere Heiligung vollkommen zu machen durch gute Werke, müssen sorgfältig formuliert werden. Nicht weil sie selbst aus sich selbst der Grund für die Vergebung der Sünden in den Wiedergeborenen wären, sondern weil Gott mit ihnen jene täglichen Sünden wie mit einem Gegengift austreibt und die Macht der Begierde abtötet, bis er uns dadurch als gerechtfertigt erklärt" (ARC 43).

1. Sünde und Unvermögen

Der erste und bereits entscheidende Kontroverspunkt ist die sehr pointierte reformatorische These vom unfreien Willen. Der sündige Mensch kann sich nur von Gott abwenden, genauer: er kann sich nicht freiwillig der Gnade zuwenden. Die völlige Verderbnis der menschlichen Natur besteht eben darin, daß die Person sogar noch die Gebote Gottes nur zu eigenem Ruhm oder aus Furcht vor Strafe tun kann. Wenn die Gegenposition dem gefallenen Menschen immerhin eine geschwächte Freiheit einräumt, so betrifft das zunächst die Möglichkeit der Person, ihr Handeln auf das Gute auszurichten. In dieser Perspektive ist es „etwas Gutes, wenn auch nicht Vollkom-

79

menes ..., *die Gebote Gottes aus Furcht vor seinem strafenden Gericht zu erfüllen"* (MG 203).

Die genauere Analyse zeigt: auch die römisch-katholische Position besteht darauf, daß die menschliche Person vollständig unter der Macht der Sünde steht und niemals den ersten Schritt zum Heil tun kann. Die Gnade Gottes allein ist das Heil, *„und alles Bemühen des Menschen, alle seine Schritte vom ersten bis zum letzten sind Geschenk der Gnade, weil Christi Heilswerk der Anfang von allem ist"* (MG 217).

Es kommt freilich darauf an, daß die Person dem Handeln Gottes in Jesus Christus antwortet und innerlich beteiligt ist. Deshalb behauptet die römisch-katholische Gnadenlehre zwischen der sündigen und der durch die Gnade umgestalteten Existenz eine minimale Kontinuität – und dafür wird die höchste Potenz der menschlichen Seele in Anspruch genommen, eben der Wille. So wird zum einen klargestellt, daß die menschliche Sünde die gute Schöpfung Gottes nicht schlechthin zerstört, zum andern wird deutlich: *„Das rechtfertigende Handeln Gottes richtet sich auf den erlösungsbedürftigen Menschen, der durch die Gnade Gottes nicht ‚ersetzt', sondern zu einem neuen Leben* erweckt *wird"* (ebd.).

Theologisch ist es in der Tat wichtig, die innere Beteiligung des Menschen zu betonen. Die lutherische Formulierung einer den Menschen von außen treffenden Gerechtigkeit Gottes kann ja so mißverstanden werden, daß der Mensch nur „äußerlich" getroffen ist. Daher legt die römisch-katholische Gnadenlehre den Akzent auf die menschliche Freiheit als innerste Instanz der Person. Hier muß etwas geschehen. Bis zu diesem Punkt kann die evangelische Theologie zustimmen. Auch die genauere Beschreibung dieses Geschehens ist konsensfähig: Die Freiheit für Gott ist *„schon eine Freiheit aus dem Anruf und der Macht der Gnade – und* dieser *von Gott gerufenen und allererst zur Wirklichkeit gebrachten Freiheit schreibt das Konzil von Trient die Werke zu, die ... auf die Rechtfertigung hin getan werden"* (MG 217f.).

Das gilt zudem für alle menschliche Vorbereitung auf den Empfang der Taufgnade. Abgelehnt wird demnach auch der subtile spätscholastische Gedanke, wonach wenigstens ein ernsthaftes Streben des Menschen nach Gott und seiner Gerechtigkeit als Vorbedingung der Gnade gilt. An dieser Stelle könnte tatsächlich eine menschliche Vorleistung – und zwar aus den natürlichen Kräften des Menschen – zur Geltung kommen. Dagegen wird zwar insgesamt die Mitwirkung der menschlichen Person betont, aber stets als jeweils zweiter Schritt. Auch das Verlangen nach dem Heil in Jesus Christus ist bereits Wirkung der Gnade bzw. nach evangelischer Auffassung der geistgewirkten Gesetzespredigt.

Zu beachten ist eine Nuance im Verständnis des Begriffs „Rechtfertigung": wenn nach römisch-katholischer Auffassung Werke „auf die Rechtfertigung hin" getan werden, so geht es um den definitiven eschatologischen Urteilsspruch Gottes. Damit wird der Akzent anders gesetzt – die reformatorische Pointe liegt ja darin, daß das neu geschaffene „Ich" von seiner sündhaften Perversion befreit und dabei selbstverständlich auch gerecht gemacht, nämlich in ein ungestörtes Gottesverhältnis gebracht wird. Es muß noch verfolgt werden, wie sich dies auf die Konstitution der gerechten Person auswirkt. Jedenfalls liegt die Rechtfertigung als Urteil Gottes hier gleichsam „im Rücken", nicht als ausstehender Richtspruch „vor" der Person. Ein sachlicher Widerspruch ergibt sich allerdings erst, wenn die beiden Verwendungsweisen vermengt werden.

Unscharf bleibt im Dokument von 1986 die reformatorische Antwort auf das römisch-katholische Anliegen der personalen Kontinuität. Befreit Gottes Handeln die Person, so wird sie dadurch sicherlich nicht ersetzt, sondern „zu einem neuen Leben *erweckt*" (MG 217) – wie radikal müssen wir uns aber solch eine Erweckung vorstellen? Auf dem Hintergrund von Röm 6 und 7 betont Luther, daß der Mensch der Sünde absterben und durch Gott auferweckt werden muß – eine sehr dramatische Formulierung! Auch damit ist nicht eine Ersetzung gemeint, denn dann würde im Rechtfertigungsgeschehen ein ganz anderes „Ich" produziert. Was die Reformatoren allerdings betonen, ist das schöpferische Handeln Gottes in diesem Geschehen. Wird also mit der neuen Freiheit für Gott nicht doch – zwar kein neues „Ich", aber sehr wohl: – das „Ich" ganz neu geschaffen? Diese Frage – die im Dialog von 1986 nicht zum Thema wird – ist keine Spitzfindigkeit, sondern durchzieht die gesamte Beschreibung des Rechtfertigungsgeschehens.

Prägnanter hat die Gemeinsame Erklärung von 1997 diese Differenz formuliert und den Ansatz für einen Konsens skizziert. Unter dem Stichwort „Sünde und Unvermögen" wird das Problem der Freiheit behandelt. Der Mensch hat keine Freiheit auf sein Heil hin. Er ist *„unfähig, sich von sich aus Gott um Rettung zuzuwenden oder seine Rechtfertigung vor Gott zu verdienen"* (GE § 19). In aller wünschenswerten Eindeutigkeit heißt es nun: *„Wenn Katholiken sagen, daß der Mensch bei der Vorbereitung auf die Rechtfertigung und deren Annahme durch seine Zustimmung zu Gottes rechtfertigendem Handeln ,mitwirke', so sehen sie in solch personaler Zustimmung selbst eine Wirkung der Gnade und kein Tun des Menschen aus eigenen Kräften"* (GE § 20).

Diese Aussage geht deutlich über das Konzil von Trient hinaus (vgl. oben A4). Ebenso deutlich formuliert die lutherische Seite ihre Grundintention, die auf den ersten Blick als Widerspruch erscheint, aber auf einer anderen Ebene liegt: Der Mensch ist *„unfähig, bei seiner Errettung mitzuwirken, weil er sich als Sünder aktiv Gott und seinem rettenden Handeln widersetzt. Lutheraner verneinen nicht, daß der Mensch das Wirken der Gnade ablehnen kann"* (GE § 21).

Kommt es zur Wende von der aktiven Ablehnung zur Annahme der Gnade, dann ist der Mensch so oder so höchst intensiv dabei, aber keineswegs in einer „neutralen Entscheidungssituation". Zugespitzt könnte man sagen: sein Wille wird gewandelt – aber was ist ein verwandelter Wille anderes als ein neu geschaffener Wille?

Zum Stichwort „Passivität" findet sich bereits im Dokument von 1986 eine differenzierte Analyse. Die Reformatoren lehren „die völlige Passivität des Menschen *Gott gegenüber: Bei der Rechtfertigung des Sünders ist eine Mitwirkung des Menschen ausgeschlossen. Die Lehre der römisch-katholischen Kirche dagegen besteht darauf, daß der Mensch, wenn er von Gottes rechtfertigender Gnade angerührt und buchstäblich ,bekehrt' wird, seinerseits mitwirkt, insofern er in Freiheit Gottes rechtfertigendem Handeln zustimmt und es annimmt"* (MG 205).

Auf dem Hintergrund der neuesten Erklärung wäre zu sagen: „Passivität" ist möglicherweise gar nicht das treffende Wort, denn der sündige Mensch wehrt sich gegen das göttliche Handeln, auch wo er sich Gott anzunähern sucht, da jedes menschliche Handeln von der Selbstsucht pervertiert wird. Es ist diese unheilvolle Tendenz, die Luther mit seinem berüchtigten Gleichnis vom Lasttier im Sinn hat, das entweder vom

Satan oder von Gott geritten wird. Gemeint ist: die Person verfügt nicht über die Ausrichtung ihrer Aktivität, sie bestimmt nicht darüber, was sie freiwillig tut. Die römisch-katholische Position betont aber mit Recht die Dimension der Aktivität, denn die Person ist kein lebloses Ding. Dennoch gilt: *„Die Antwort des Glaubens ist selbst erwirkt durch das unerzwingbare und von außen auf den Menschen zukommende Wort der Verheißung. ‚Mitwirkung' kann es nur in* dem *Sinne geben, daß das Herz beim Glauben dabei ist, wenn das Wort es trifft und den Glauben schafft"* (MG 222).

Insgesamt zeigt sich, daß beide Akzente einander nicht widersprechen, weil die „Passivität" im Hinblick auf Gottes Handeln von einem höchst aktiven sündigen Menschen ausgesagt wird. Der Mensch bleibt eine Person auch in der dramatischen Begegnung mit Gott, wo das alte „Ich" vergeht und neu geschaffen wird. Und die neue Ausrichtung der Person mitsamt ihrem Willen ist zunächst zu umreißen als schlichtes Vertrauen auf Gottes Gnade: im Glauben entspricht der Mensch dem Zuspruch Gottes. Diese Antwort auf das Wort Gottes ist kein „Werk" (vgl. MG 222).

Die Gemeinsame Erklärung von 1997 könnte hier einen vertiefenden Konsens erschließen: Den Reformatoren kommt es nicht auf die Passivität als solche an, sondern auf die Beseitigung der Selbstsucht. Denn jede Aktivität des „Ich", sich von seiner Begierde zu distanzieren, führt tiefer in die gottwidrige Selbstsucht hinein. Soll der neue Anfang die Person wirksam von dieser unheilvollen Verwicklung distanzieren, muß das neue „Ich" gewissermaßen dem alten Menschen gegenübertreten. Dafür muß an der entscheidenden Stelle die stetige Aktivität der Person eine Unterbrechung, ja Störung erleiden – auf dieses Leiden zielt der Begriff „passiv". Er unterstreicht Gottes schöpferisches Handeln an mir als einer nur zu aktiven Person.

Die römisch-katholische Position schärft umgekehrt ein, daß ein solcher Bruch die Identität der Person nicht zerstören darf. Das ist ein wichtiger Aspekt, der in den reformatorischen Zuspitzungen sorgfältig beachtet werden muß. Das „Ich" wird neu geschaffen, aber die Person ist nicht etwa schizophren. Daher erkennt sie auch nun ihre Verfallenheit an die Sünde erst radikal. Sie wird von ihrer schuldbeladenen Vergangenheit distanziert und kann so erst diese Vergangenheit unverstellt in den Blick nehmen. Die Ablehnung einer *Kontinuität* der Person darf also nicht die *Identität* – die „Selbigkeit" – der Person leugnen. Daher präzisiert Luther den Bruch auch anders als bloß mit dem Hinweis auf die Passivität: Gott bekehrt die Person in ihrer Aktivität, indem er diese Aktivität gegen sie selbst kehrt. Der Mensch bewegt sich von Gott weg, kann aber nicht verhindern, daß Gott ihm dennoch entgegenkommt, überraschend entgegentritt – worin eine Pointe der Lutherschen Theologie des Kreuzes und der Gesetzespredigt liegt (s.o. A1). Es ereignet sich eine Katastrophe für das menschliche Subjekt, das nunmehr allein in Gottes Handeln gehalten bleibt über die Katastrophe hinweg. In alledem ist das „Ich" natürlich dabei. Nur wird es in einer Weise erneuert, die seine Identität sogar noch für die Person selbst geheimnisvoll macht und damit erst recht auf Gott ausrichtet.

2. Sündenvergebung und Gerechtmachung

Wenn der Zuspruch der Sündenvergebung die Person derart durchgreifend verwandelt, so liegt es auf der Hand, daß zwischen der „forensischen" und der „effektiven" Dimension des Rechtfertigungsgeschehens unterschieden werden muß, ohne beides auseinanderzureißen. Das wird bereits im nordamerikanischen Dialog von 1983 zur Sprache gebracht: Die Rechtfertigung des Sünders durch Gott ist der Akt, *„durch den dem Sünder eine Gerechtigkeit zugerechnet wird, die die Gerechtigkeit Christi selbst ist (iustitia aliena) und die im Glauben empfangen wird"* (§ 98).

Insofern handelt es sich um ein Urteil, das streng außerhalb unserer selbst ergeht, aber gerade als Zurechnung einer *fremden* Gerechtigkeit zum *wirksamen* Freispruch wird. Dann können auch die Werke der Heiligung als Früchte dieses Geschehens beschrieben, dürfen aber nicht auf die eigenen Möglichkeiten der Person zurückgeführt werden – so die lutherische Position. Die Bedingungslosigkeit der Vergebung wird auch auf römisch-katholischer Seite betont. Allerdings treten die Momente der menschlichen Empfänglichkeit in den Blick. Lassen sie sich genauer beschreiben, ohne doch wieder *„die Gläubigen auf ihre eigenen Möglichkeiten zurückzuwerfen"* (§ 100)? Darin liegt die Gefahr einer Konzentration auf den „transformatorischen" Aspekt der Rechtfertigung. Umgekehrt vernachlässigt eine einseitig forensische Sicht, daß die Gnade Gottes der Person nicht äußerlich bleibt und sie von der Sünde befreit, also auch effektiv gerecht macht. Katholiken könnten denken, *„daß die lutherische Position sich zu einseitig auf die ‚Tröstung der erschrockenen Gewissen‘ konzentriert und die doxologische Dimension der Antwort des Glaubens, d.h. das Lob Gottes für seine verwandelnde Einwohnung nicht genügend berücksichtigt“* (§ 101).

Im deutschen Dokument von 1986 wird das Problem zugespitzt auf die Unterscheidung von „außen“ und „innen“: soll die Person im Machtbereich der Gnade Gottes angemessen beschrieben werden, so kommt es auf die sorgfältige Verwendung der Präpositionen an. Es ist nicht dasselbe, *„wenn man das* Wesen der Gnade bzw. der Gerechtigkeit *vor Gott einmal als* Wirklichkeit *auf seiten Gottes,* ‚außerhalb von uns‘, *das andere Mal* als Wirklichkeit in der menschlichen Seele, *als ‚Qualität‘, die der Seele ‚inhäriert‘, bestimmt“* (MG 223).

Wieder leuchten beide Positionen ein, denn die Gnade Gottes soll der Person nicht bloß äußerlich bleiben und darf doch kein Besitz des Menschen werden. Wird die geschaffene Gnade (s.o. A4) als „Qualität“ der Seele beschrieben, so liegt erneut die anthropologische Vorstellung eines kontinuierlich sich durchhaltenden Personkerns zugrunde – im Widerspruch zur paulinischen (Röm 6,6f; 7,4) und reformatorischen Lehre von mortificatio und vivificatio. Doch gestaltet die Gnade zweifellos das Leben der Glieder am Leib Christi, was Paulus in 1 Kor 12 durch die Rede von den Gnadengaben des Geistes anschaulich macht. Die Liebe ist ausgegossen in unsere Herzen (Röm 5,5), so formt sie die Person – was gerade Luther in seiner wichtigen Schrift „Wider Latomus“ ausgeführt hat, wo er zwischen dem Außen- und dem Innenaspekt der Relation Gottes zum Menschen, zwischen Gnade und Gabe unterscheidet (WA 8,105ff).

Ein theologischer Widerspruch ergibt sich nur, wenn die geschaffene Gnade – also die je individuelle, spezifische Gnadengabe – als Eigenschaft der Person von Gottes Geist abgekapselt wird, oder wenn die jeweils neue Begegnung mit Gott das ursprüngliche Rechtfertigungsgeschehen wiederholt, ohne in die individuelle Lebensgestaltung einzugreifen. Tatsächlich legt Luther Wert darauf, daß der Glaube als Gerechtigkeit die Verderbnis der menschlichen Natur heilt (WA 8,106). Denn gerade die Gelassenheit des Glaubens durchdringt das Leben und verdrängt die Selbstsucht. Daß ich meine Existenz nicht „in" mir, sondern gerade „außer" mir habe – darauf kommt es dabei an. So zeichnet sich ab, daß die herkömmliche Unterscheidung „äußerlich – innerlich" irreführend ist.

Nur die jeweils extremen Behauptungen führen demnach zu Verzerrungen, als sei etwa die Gerechtigkeit Gottes, die uns *von außen* trifft, *nur* äußerlich – oder als sei die Gnade, die mein *Innerstes* trifft und so *in* mir wirkt, mit meinen *Eigenschaften* vergleichbar. Dennoch formulieren beide Seiten unverzichtbare Einsichten: die von Gott gerecht gesprochene Person bleibt angewiesen auf die Vergebung – insofern ist sie zugleich sündig und gerecht, simul iustus et peccator. Diese reformatorische Position geht nun – das ist höchst wichtig! – von einem immer neu geschehenden Handeln Gottes aus, so daß die Person stets wieder mit Gestalten der Sünde in ihrem Leben konfrontiert wird, sich selbst aber auch immer wieder aus Gottes Hand neu empfängt. Die „christliche Biographie" wäre demnach eine diskontinuierliche Reihe von schöpferischen Begegnungen mit Gott. Die römisch-katholischen Akzente richten sich hingegen auf diesen biographischen Prozeß und beschreiben ihn als fortschreitende Erneuerung des Menschen durch die Gnade.

Die beiden unterschiedlichen Aspekte konvergieren darin, daß die Person nicht mehr „in sich", sondern in Christus ihr Leben hat, die Gerechtigkeit Christi empfängt und von dieser „fremden" Gerechtigkeit durchdrungen – also auch: von der Selbstgerechtigkeit befreit – wird. Das umreißt die Gemeinsame Erklärung von 1997 kurz und bündig: „*Wenn der Mensch an Christus im Glauben teilhat, rechnet ihm Gott seine Sünde nicht an und wirkt in ihm tätige Liebe durch den Heiligen Geist. Beide Aspekte des Gnadenhandelns Gottes dürfen nicht voneinander getrennt werden. Sie gehören in der Weise zusammen, daß der Mensch im Glauben mit Christus vereinigt wird, der in seiner Person unsere Gerechtigkeit ist (1 Kor 1, 30): sowohl die Vergebung der Sünden, als auch die heiligende Gegenwart Gottes*" (GE § 22).

Es kommt darauf an, daß die Reihenfolge nicht umgekehrt wird: das ist das lutherische Interesse, wenn die Gnade streng als Begegnung Gottes mit uns beschrieben wird, als Zuspruch, der in keiner Weise von unserem Handeln oder Leben und

„auch nicht von der lebenserneuernden Wirkung der Gnade im Menschen abhängt" (GE § 23). Es kommt freilich darauf an, daß der Zusammenhang nicht aus dem Blick gerät – das ist das römisch-katholische Interesse. Es darf nicht aus dem Blick geraten, *„daß die vergebende Gnade Gottes immer mit dem Geschenk eines neuen Lebens verbunden ist, das sich im Heiligen Geist in tätiger Liebe auswirkt"* (GE § 24). Der unumkehrbare Zusammenhang gründet letztlich darin, daß im Wort der Vergebung Christus durch den Heiligen Geist gegenwärtig ist – in dieser Gegenwart findet die Person nun ihren Grund (vgl. Gal 2,20).

3. Glaube und Gnade

Dieser komplexe unumkehrbare Zusammenhang wird noch weiter vertieft, wenn die reformatorische Spitzenthese „Gerechtigkeit *allein* durch den Glauben als Vertrauen auf die göttliche Barmherzigkeit" der römisch-katholischen Auffassung konfrontiert wird, wonach auch Liebe und Hoffnung als unverzichtbare Aspekte der Rechtfertigung zu nennen sind, weil die Person bei der der durch die Gnade geschaffenen Gerechtigkeit mitwirken muß (MG 207). Die reformatorische These ist mißverständlich, wenn der Begriff „Glaube" nicht im soeben präzisierten Sinne verstanden wird: als ekstatische Existenz der Person, die ihr „Ich" in Jesus Christus hat und damit von der Selbstsucht distanziert bleibt.

Das Problem behandelt der amerikanische Dialog unter dem Stichwort „Suffizienz des Glaubens". Hier kommt es zum Widerspruch, weil der Begriff „Glaube" in der reformatorischen und in der römisch-katholischen Theologie jeweils unterschiedlich nuanciert wird. Die Reformatoren fassen darunter nicht eine bloß kognitive Zustimmung, sondern vor allem das lebendige Vertrauen zu Gott. Diese Vertiefung ist indes noch nicht radikal genug, weil solches Vertrauen zu Gott bereits das neue Leben in Christus voraussetzt, so daß der Glaube unmittelbar die liebevolle Hingabe an Gott in Christus einschließt (s.o. A1). Nun wird in der römisch-katholischen Gnadenlehre explizit betont, *„daß der einwohnende Heilige Geist in den Gläubigen nicht nur Zustimmung und Vertrauen bewirkt, sondern auch eine liebevolle Hingabe, die zu guten Werken führt. ... Nur wenn der Glaube durch die Liebe* qualifiziert wird, vereint er die Gläubigen vollkommen mit Christus und macht sie zu lebendigen Gliedern seines Leibes"* (§ 105).

Für die Reformatoren ist dieser Zusammenhang insofern selbstverständlich, als der Glaube als Leben aus Christus per definitionem der Selbstsucht entgegengesetzt ist. Wird dies übersehen, so kann es zu einem katastrophalen Mißverständnis kommen, wo einem einseitig forensisch aufgefaßten Gerechtigkeitsurteil ein ebenso verengt kognitiver Glaubensakt entspricht. Wo nichts zu tun ist, kann der Mensch das Handeln Gottes nur akzeptieren; *„in diesem Sinne kann es Glauben ohne Liebe und ohne rechtfertigende Gnade geben"* (ebd.).

Dagegen richtet sich die römisch-katholische Formel „fides caritate formata" – der Glaube muß durch Liebe geformt sein. Diese Formel trifft nicht den reformatorischen Punkt, weil eine bloße Zustimmung niemals rechtfertigen kann. Wenn nun die Lutheraner betonen, daß die Werke des Gesetzes nicht rechtfertigen, auch wenn sie der Liebe entspringen, so wehren sie damit die Auffassung von Rechtfertigung ab, wonach die Gerechtigkeit als Ergebnis der Heiligung erst noch anzustreben wäre. Hier könnte sich ein additives Verständnis von Glaube und Liebe einschleichen, als wäre der bloß kognitiv mißverstandene Glaube durch die affektive Dimension der Liebe zu vervollständigen. Das verfehlt nicht nur den reformatorischen Glaubensbegriff, sondern macht eine aktive Beteiligung der menschlichen Person an ihrer Rechtfertigung zumindest denkbar, sofern „Liebe" auch als menschliche Möglichkeit beschrieben werden kann. *„Die Befürchtungen der Lutheraner nehmen noch zu, wenn sie Katholiken von Sündern reden hören, die aktiv an ihrer eigenen Rechtfertigung mitwirken"* (§ 106).

Allerdings wird diese Mitwirkung bereits als Geschenk der Gnade aufgefaßt, wie auch die Liebe, die den Glauben lebendig macht, „ganz und gar Gottes Gabe ist" (ebd.). Die kognitive Verengung des Glaubensbegriffs auf Wissen oder auf Überzeugungen wird auch im Dialog von 1986 behandelt, ausgehend von der Bestimmung des Begriffs durch das Konzil von Trient als *„Zustimmung des Verstandes zum geoffenbarten Wort Gottes einerseits und … ‚objektiven' Glauben andererseits, wie er in Bekenntnis und Lehrverkündigung der Kirche niedergelegt ist"* (MG 225). Dann ist die reformatorische Rechtfertigungslehre zwangsläufig so auszulegen, *„als werde damit die*

Wirksamkeit der Sakramente, die Bedeutung der guten Werke und die Notwendigkeit eines verbindlichen Bekenntnisses ... ausgeschlossen" (MG 226).

Daher kommt es darauf an, daß der Glaube durch die Liebe gestaltet wird, weil er sonst steril bleibt. Nun hat Luther die klassische Formel „fides caritate formata" vehement abgelehnt, nicht aber den engen Zusammenhang von Glauben und Liebe. Sofern die Formel das Mißverständnis erweckt, als gebe es einen Glauben *ohne* Liebe, ist sie abzulehnen. Im strengen Sinne ist Glaube die Gemeinschaft, ja die Vereinigung der Seele mit Christus (vgl. WA 7,25ff) und demnach immer schon als liebevolle Existenz zu beschreiben. Glaube als Gemeinschaft mit Christus *„ist der Grund für das neue Sein, durch das das Fleisch der Sünde tot ist und der neue Mensch in Christus ... sein Leben hat"* (MG 226).

Was die Reformatoren freilich ausschließen müssen, ist jede Beschreibung der Erneuerung der Person, die den Akzent wieder auf eine innere Qualität der Person „in Christus" verlagert: *„Aber auch wenn ein solcher Glaube den Menschen notwendig neu macht, so baut der Christ seine Zuversicht nicht auf sein neues Leben, sondern allein auf die Gnadenzusage Gottes"* (ebd.). Der Glaube wird also auf reformatorischer Seite so bestimmt, daß keine menschliche Tätigkeit – schon gar nicht eine Verstandestätigkeit – gemeint ist, vielmehr das Ergriffensein durch Gottes Barmherzigkeit und Liebe. Das schließt den römisch-katholischen Begriff der heiligmachenden Gnade (s.o. A4) natürlich ein. *„Die Reformatoren haben ... dem Glauben, weil Umgriffensein des Menschen vom Heiligen Geist, all jene wunderbaren erneuernden Folgen für das Leben der Menschen zugeschrieben, die die katholische Tradition als spezifische Wirkungen der aus Gottes Gnade fließenden Gottesliebe versteht"* (MG 228).

Es gilt die subtilen Unterscheidungen wahrzunehmen, die auch im Dialog in fruchtbarer Weise hervortreten. Für Luther sind Liebe und Hoffnung im *logischen* Sinne notwendig. Für die Reformatoren ist ein Glaube ohne Liebe und Hoffnung so undenkbar wie ein rundes Quadrat. Die Formulierung dieses Zusammenhanges kann aber abgleiten in eine Liste von *Imperativen*, die im *kausalen* oder *finalen* Sinne auf die Gerechtigkeit bezogen werden: du mußt Werke der Liebe tun, weil Gott dich angenommen hat bzw. damit Gott dich gerecht spricht.

Dann ist gerade das eigenartig selbstverständliche – und insofern wieder: gelassene – Überfließen des Glaubens in liebevolle Begegnung mit anderen Personen nicht mehr angemessen zur Sprache gebracht. Doch muß deshalb die Entfaltung der christlichen Existenz nicht ängstlich vermieden werden. Die Mißverständnisse sind im übrigen keine römisch-katholische Spezialität; sie werden durch die begriffliche Unterscheidung von Rechtfertigung und Heiligung auch auf evangelischer Seite immer wieder provoziert (vgl. MG 226).

Betrachten wir Luthers Unbehagen mit der Formel „fides caritate formata" etwas genauer, so kommt noch ein weiterer Aspekt hinzu: Wenn „Glaube" eine neue Existenzweise meint, deren Pointe in der *Selbstlosigkeit* der Person liegt, so wäre das *Geheimnis* dieses neuen Lebens gleichsam domestiziert, wollte man es als Qualität des Willens begreifen – selbst wenn es sich um die übernatürliche Qualität der Gottesliebe handelt. Wahrer Glaube nämlich ist eine Zuversicht des Herzens, *„durch die Christus ergriffen wird, so daß Christus der Gegenstand des Glaubens ist, freilich nicht Objekt, sondern daß ich so sage: im Glauben selbst ist Christus gegenwärtig. Der Glaube ist eine gewisse Erkenntnis oder Finsternis, die nicht sieht [,] und dennoch sitzt in dieser Finsternis Christus ... Unsere Grundgerechtigkeit (formalis nostra justitia) ist nicht die Liebe, die dem Glauben erst die Gestalt und Kraft gibt, sondern ... der Glaube selbst und die Finsternis des Herzens, ... d.h. unser Vertrauen auf Christus, der, mag er auch in keiner Hinsicht gesehen werden, dennoch gegenwärtig ist"* (WA 40/I,228f).

Wird Liebe im Sinne Luthers als etwas Überfließendes beschrieben, d.h. als Existenzweise, die der unüberbietbaren Gerechtigkeit eines Lebens in Christus entspringt, so gibt es keine fides non caritate formata. Das schließt nicht aus, die fortschreitende Durchdringung des Lebens in Christus als Wachsen in der Liebe zu beschreiben. Mehr noch: Der von Luther betonte geheimnisvolle Zug des Glaubens verweist nicht nur darauf, daß die Person sich in der Begegnung mit Gottes Handeln selbst entgleitet (s.o. 1.), sondern auch auf das schöpferische Handeln Gottes im Glauben des Menschen, der sich selbst von Gott her empfängt.

Vielleicht ist dieser Zusammenhang von Selbstverständlichkeit der Liebe und Selbstlosigkeit im Dialog von 1986 nicht deutlich genug ausgesprochen worden: *„Nach evangelischem*

Verständnis reicht der Glaube, der sich an Gottes Verheißung in Wort und Sakrament bedingungslos festklammert, zur Gerechtigkeit vor Gott aus, so daß die Erneuerung der Menschen, ohne die kein Glaube sein kann, nicht ihrerseits zur Rechtfertigung einen Beitrag leistet" (MG 229).

Die Gemeinsame Erklärung von 1997 akzentuiert in der Tat im Begriff „Glaube" die schöpferische Dimension des göttlichen Handelns an der Person. Glaube als Vertrauen ist zugleich Leben in der Gemeinschaft mit Gott. Und Gott *„bewirkt den Glauben, indem er durch sein schöpferisches Wort solches Vertrauen hervorbringt. Weil diese Tat Gottes eine neue Schöpfung ist, betrifft sie alle Dimensionen der Person und führt zu einem Leben in Hoffnung und Liebe. ... Rechtfertigung und Erneuerung sind durch den im Glauben gegenwärtigen Christus verbunden"* (GE § 26).

Dieser lutherische Akzent steht nicht mehr in Spannung zur römisch-katholischen Betonung der Rechtfertigungsgnade, weil Glaube, Hoffnung und Liebe ein personales Gottesverhältnis umreißen. *„Dieses neue personale Verhältnis zu Gott gründet ganz und gar in der Gnädigkeit Gottes und bleibt stets vom heilsschöpferischen Wirken des gnädigen Gottes abhängig, der sich selbst treu bleibt und auf den der Mensch sich darum verlassen kann"* (GE § 27).

4. simul iustus simul peccator

Wie verhält sich nun das Wirken der Gnade im erlösten Menschen zu der von keiner Seite geleugneten Erfahrung, daß auch und gerade der erlöste Mensch gegen seine eigene Sünde kämpft? Jede Antwort auf diese Frage muß zugleich das Wesen der Sünde überhaupt klären. Es ist klar, daß die evangelische Seite hier besonders radikal spricht. Es kommt ja darauf an, daß im Rechtfertigungsgeschehen das „Ich" neu geschaffen wird (s.o. 1.) und durch die Gnade Gottes ekstatisch in Christus gründet (s.o. 2.), so daß die Person in heilsamer Distanz zum eigenen Selbst existiert (s.o. 3.). Dann muß der Begriff „Sünde" logischerweise eine Verzerrung der *ganzen* Person bezeichnen. Luther übernimmt von Augustinus die Wendung vom in sich verkrümmten Herzen und charakterisiert damit die Personsünde als Selbstsucht; sie zeigt sich als Hochmut, der sich selbst mit Gott verwechselt, als Un-glaube und als Be-

gierde. Nach reformatorischem Verständnis *„steht die Konkupiszenz als drittes Stück der Erbsünde neben der fehlenden Got-
tesfurcht und dem fehlenden wahren Glauben an Gott. Sie ist
daher nicht nur eine mögliche Neigung zum Bösen im ethischen
Sinne, sondern bezeichnet das menschliche Streben, selbst zu sein
wie Gott"* (MG 220).

Die mittelalterliche Lehre hat – ebenfalls von Augustinus –
die Sicht übernommen, wonach die Sünde inhaltlich zu beschreiben ist als verfehlte Orientierung des menschlichen Strebens an den Geschöpfen, nicht an Gott. Dieses Streben ist als
Konkupiszenz der Anreiz zur Sünde, nicht aber mit der Sünde
identisch, denn gerade das Leben der Getauften ist ein lebenslanger Kampf gegen die Begierde und zeigt, daß es möglich ist,
der sündhaften Neigung zu widerstehen. Die Differenzierung
zwischen Sünde und Konkupiszenz hat also den Sinn, zwischen sündiger und erlöster Existenz zu unterscheiden. Der
USA-Dialog bestimmt die römisch-katholische Differenzierung so, *„daß die heiligende Wirkung des Heiligen Geistes die
Schuld der Sünde wegnimmt (reatus culpae) und den Gerechtfertigten Gott wohlgefällig macht. ... Die Begierde und andere Auswirkungen der Erbsünde und der persönlichen Sünde bleiben
nach katholischer Lehre im Gerechtfertigten, der darum täglich
zu Gott um Vergebung beten muß"* (§ 102).

Die Differenzierung dient somit nicht zuletzt der Beschreibung eines personalen Kontinuums (s.o. 1.), der genaueren
Analyse der personalen „Innen"-Struktur (s.o. 2.) und als Hintergrund für die Entfaltung der eingegossenen Gnade (s.o. 3.).
Eine Unterscheidung von Sünde und Konkupiszenz kann aber
auch zur allzu harmlosen Beschreibung von Begierde und
Sünde führen: wenn nämlich nun die Begierde von der Ursünde getrennt und vor allem auf die leiblich-sinnliche Dimension der geschöpflichen Wirklichkeit ausgerichtet wird,
können Vernunft und freier Wille als neutrale Instanzen in der
menschlichen Person sich von der Sünde distanzieren. Die
Vernunft ist ja in der Regel nicht auf bloß sinnliche Güter ausgerichtet.

Nicht zuletzt gegen diese problematische Verflachung des
Sündenbegriffs richtet sich die reformatorische Spitzenthese,
die von Gott gerechtgesprochene Person sei „simul iustus
simul peccator" – wobei die scheinbare Paradoxie bereits im
amerikanischen Dialog sehr genau als verwickelte Selbster-

kenntnis nachgezeichnet wird: „*Lutheraner vertreten die Auffassung, daß die Sündhaftigkeit der Gerechtfertigten zugleich mit dem forensischen Akt der Rechtfertigung enthüllt wird. Somit erkennen die Gerechtfertigten sich selbst als im wahren Sinne Sünder ... Wenn Lutheraner auch zugestehen, daß die Rechtfertigung ganz gewiß innere Erneuerung bewirkt ..., so verstehen sie diese Erneuerung doch als einen lebenslangen Kampf gegen die Sünde in Gestalt des Nicht-Gerechtseins als auch der Selbstgerechtigkeit*" (§ 102).

Da Selbstgerechtigkeit die vielleicht subtilste und insofern gefährlichste Form der Selbstsucht ist, nimmt der Kampf gegen die Sünde gerade in den von Gottes Gnade durchdrungenen Personen an Schärfe zu. Daher darf das „simul – simul" niemals ermäßigt oder gar aufgeweicht werden zum „partim – partim"; so kommt es zu der Befürchtung, „*daß die katholische Lehre von der innewohnenden Gerechtigkeit den Christen dazu veranlassen könnte, ängstlich oder selbstgefällig zu sein und sich in beiden Fällen nicht genug auf Gottes Verheißung seiner Barmherzigkeit zu verlassen*" (§ 103).

Allerdings muß die Gefahr der steilen reformatorischen Sündenlehre im Blick bleiben: Kann die Wirkung der Gnade Gottes in den Getauften noch angemessen zur Sprache gebracht werden, wenn es stets darauf ankommt, die eigene Sünde rückhaltlos zu bekennen? Genauer: kann die Gnade nur so zur Sprache gebracht werden, daß sie die radikale Sündenerkenntnis erschließt? Der katholische Vorbehalt richtet sich darauf, „*daß die lutherische Position zu einer gewissen Vernachlässigung der guten Werke führen und den Gläubigen nicht in angemessener Weise dazu motivieren könnte, Gott für die heilenden und verwandelnden Wirkungen seines erlösenden Handelns in uns Lob und Dank zu sagen. Um diese Verwandlung zu beschreiben, greifen Katholiken gelegentlich auf den Begriff der Vergöttlichung ... zurück, der in der griechischen patristischen Tradition einen so entscheidenden Platz einnahm, und unterstreichen damit, daß die dem Gläubigen ,innewohnende Gerechtigkeit' primär Gottes Geschenk seiner selbst ist, d.h. primär ,gratia increata' und erst an zweiter Stelle ,gratia creata'*" (§ 103).

Auch Luther kann von der Gerechtigkeit als „donum" sprechen (WA 8,105ff) und zudem betonen, daß wir im Glauben – zwar nicht vergöttlicht, wohl aber: – christusförmig werden (s.o. A1). Es ist eine Aufgabe reformatorischer Theologie, die-

93

sen Gedanken intensiv mit dem Kampf gegen die erst der gerechtfertigten Person unverstellt erkennbare Sünde zu verknüpfen. Dann könnte sich in der Tat herausstellen, daß die eher dialektische Denkfigur der Reformatoren auf einer anderen Ebene liegt als die gewissermaßen kontinuierliche Denkform der römisch-katholischen Gnadenlehre, so daß sich der Widerspruch auflöst. Diese Einsicht macht es *„Katholiken schwer, den Lutheranern vorzuwerfen, daß sie die Bedeutung der Heiligung oder des Heiligen Geistes herabmindern, und sie macht es zugleich Lutheranern schwer, den Katholiken vorzuwerfen, daß sie die bleibenden Wirkungen der Sünde im Getauften übersehen"* (§ 104).

Der deutsche Dialog von 1986 hebt hervor, daß Sünde die Person insgesamt betrifft und daher nicht auf bestimmte Dimensionen der menschlichen Existenz eingegrenzt werden darf – wobei andere Dimensionen dann möglicherweise neutral bleiben. Auch die Begierde ist ein Aspekt der Ursünde, nämlich das menschliche Streben, zu sein wie Gott. Die Sünde ist im Kern die Vertauschung von Selbst und Gott und durchgreift sämtliche Willensregungen des Menschen, auch und gerade seine besten und edelsten Motive. Dann kann sogar der Versuch, die eigenen Begierden unter Kontrolle zu halten, auf subtile Weise die Selbstsucht befriedigen. Soll demnach der Kampf des gerechtfertigten Menschen mit der Sünde angemessen und differenziert beschrieben werden, so muß es gelingen, die Wesensganzheit des Menschen schärfer zu bedenken im Unterschied zur antiken und mittelalterlichen Tendenz, *„eine ‚noch' von der Konkupiszenz geprägte Leiblichkeit gegen den durch die Rechtfertigung ‚schon' von der Konkupiszenz befreiten Geist abzuheben"* (MG 222).

Die Konvergenz ist möglich, weil das Leben in der Gnade auf beiden Seiten als Kampf gegen die Begierde beschrieben wird. Darin zeigt sich die mögliche Differenzierung zwischen Sünde und Begierde: die Begierde bleibt auch in den Getauften, die Erbsünde ist durch die Taufe in römisch-katholischer Sicht beseitigt, in reformatorischer Sicht grundsätzlich anders qualifiziert. Die neue Situation nach der Taufe ist ja so zu charakterisieren, daß die Gottesfeindschaft ein Ende hat. Insofern *„stimmen Trient und die Reformatoren darin überein, daß beim Gerechtfertigten, nach der Taufe, die Konkupiszenz den Menschen nicht mehr von Gott trennt, also, tridentinisch gesprochen: nicht* *mehr ‚im eigentlichen Sinne Sünde' ist, lutherisch gesprochen: ‚peccatum regnatum' ..., die gleichsam nur noch hypothetisch, nämlich unter der Voraussetzung, daß Gott nicht vergebe, verdammenswert ist"* (MG 221).

Die bleibende Differenz liegt darin, daß die Reformatoren auch nach der Taufe pointiert von der Person als simul iustus et peccator sprechen. Hier gibt es keine „Zerlegung" – wo es Begierde gibt, da ist auch Sünde. Zu begründen ist die radikale Position mit der Analyse der Ursünde als Selbstsucht. Die Person wird von ihrer eigenen gottwidrigen Struktur nur befreit, indem Gott das „Ich" gewissermaßen neu schafft. Solange sie sich von ihren Begierden selbst distanziert, realisiert sie ihre Selbstsucht auf subtilere und vielleicht gerade deshalb gefährlichere Weise. Daher kommt es darauf an, daß sie ihre Distanz zur eigenen Gottwidrigkeit von Gott her empfängt.

Das wird in der „Gemeinsamen Erklärung" auf lutherischer Seite im Sinne des „simul iustus simul peccator" interpretiert: der Glaubende ist nicht in der Lage, das Erste Gebot zu erfüllen und Gott mit ganzem Herzen, ganzer Seele und ganzer Kraft zu lieben. Die Sünde des Gerechtfertigten zeigt sich in der schlichten Erfahrung, daß er nicht in dieser ungeteilten und seine ganze Person umfassenden Liebe lebt und handelt (vgl. GE § 29), also immer wieder aus der in Christus gegründeten Selbstlosigkeit abgleitet. Diese unheimliche Tendenz bleibt aber stets umgriffen von der anderen Erfahrung: Der Glaubende ist „trotz der Sünde nicht mehr von Gott getrennt", weil sie vergeben ist. Und sie beherrscht ihn nicht mehr, weil sie durch Christus, mit dem der Gerechtfertigte im Glauben verbunden ist, beherrscht ist (ebd.).

Auf katholischer Seite bleibt es bei der Unterscheidung zwischen Sünde und Konkupiszenz, die als *„aus der Sünde kommende und zur Sünde drängende Neigung ... im Menschen verbleibt. Insofern nach katholischer Überzeugung zum Zustandekommen menschlicher Sünden ein personales Element gehört, sehen sie [die Katholiken] bei dessen Fehlen die gottwidrige Neigung nicht als Sünde im eigentlichen Sinne an"* (GE § 30).

Dieser Abschnitt dürfte noch problematisch sein, da hier die reformatorische Vertiefung der Sünde zur gottwidrigen Selbstbezogenheit in den Hintergrund tritt, wodurch auch der Glaube als heilsame Umkehrung der Sünde, eben als selbstvergessene Gottbezogenheit, verdunkelt werden kann. Liegt nicht die unheimliche Tendenz der Begierde genau darin, daß das personale Element – in einem Entwurf war von der freien, sittlichen Entscheidung die Rede – unversehens die Züge der Selbstgerechtigkeit offenbart?

5. Gesetz und Evangelium

Eine explizite Konsensformulierung zu der bei Luther dramatisch zugespitzten Dialektik von Gesetz und Evangelium (s.o. A1) findet sich nur in der Gemeinsamen Erklärung von 1997: *„Wir bekennen gemeinsam, daß der Mensch im Glauben an das Evangelium ‚unabhängig von Werken des Gesetzes‘ (Röm 3,28) gerechtfertigt wird. Christus hat das Gesetz erfüllt und es durch seinen Tod und seine Auferstehung als Weg zum Heil überwunden. Wir bekennen zugleich, daß die Gebote Gottes für den Gerechtfertigten in Geltung bleiben und daß Christus in seinem Wort und Leben den Willen Gottes, der auch für den Gerechtfertigten Richtschnur seines Handelns ist, zum Ausdruck bringt"* (GE § 31).

Die Formulierung leitet an zur differenzierten Wahrnehmung des göttlichen Gebots, denn sie betont zugleich die Erfüllung und die Überwindung des Gesetzes durch Christus. Die Gebote geben Aufschluß über den Willen Gottes nur den Gerechtfertigten, die ihre Existenz von Christus her empfangen. Das kann als deutlicher Vorbehalt gegen jede Gesetzlichkeit und Selbstgerechtigkeit gelesen werden. Dieser Gedanke wird noch vertieft durch die reformatorische Betonung des usus elenchticus legis (s.o. A1). Die Anklage des Gesetzes deckt die Sünde auf – das gilt auch für die Gerechtfertigten, die durch das Gesetz zum Vertrauen auf Gottes Barmherzigkeit geführt werden, wie sie das Evangelium verkündigt (GE § 32). Solches Vertrauen schließt eine – möglicherweise gelassene und befreite – Beobachtung der Gebote, wie sie stärker auf katholischer Seite vertreten wird, keineswegs aus (GE § 33).

An dieser Stelle muß womöglich noch theologische Arbeit geleistet werden, um den „mehrdeutigen" Charakter des Gesetzes zur Geltung zu bringen und in Christus durchsichtig zu machen. Christus hat das Gesetz überwunden, sofern er um des Gesetzes willen gekreuzigt wurde. So hat sich an ihm das Gesetz auf eine höchst doppelbödige Weise erfüllt. Daher kann Paulus sagen, er selbst sei in Christus durch das Gesetz dem Gesetz gestorben (vgl. Gal 2,19), nämlich befreit von dem Streben, durch die Erfüllung des Gesetzes vor Gott gerecht zu werden. Christus hat freilich auch das Gesetz ausgelegt und Beispiele gegeben, wie das Gesetz im Sinne der Liebe zu Gott und zum Nächsten auszuleben wäre. Die Frage ist nicht leicht zu beantworten, wie sich beide Lesarten zueinander verhalten.

6. Heilsgewißheit

Verläßt sich nun der Glaube ganz und gar auf Gott, so ist er des Heils, der Gnade und der Sündenvergebung *gewiß;* ein ungewisser Glaube wäre nicht im strengen Sinne Glaube. Auf diesem Hintergrund ist die ganz persönliche Heilsgewißheit eine notwendige Bedingung der Vergebung der Sünde, zumal es eine gottwidrige Beleidigung Christi wäre, die eigene Sünde für gewichtiger zu halten als Tod und Verheißung Christi. Die Lehre der römisch-katholischer Kirche dagegen *„besteht darauf, daß der Christ aufgrund der Unvollkommenheit seiner Liebe nie gewiß sein könne, ob er wirklich im Stande der Gnade sei, und daher ,sein Heil in Furcht und Zittern wirken' müsse (Phil 3,12)“* (MG 208). Das Leben der Person erlaubt niemals den sicheren Rückschluß auf den Gnadenstand dieser Person. Daher wäre es gewissermaßen eine Überforderung, von den gerechtfertigten Sündern auch noch Heilsgewißheit zu verlangen.

Abermals ergibt sich die reformatorische Spitzenthese aus einer Beschreibung des Handelns Gottes, das die Person nicht mehr in sich selbst gründen, sondern durch den Geist in Christus leben läßt. Wer glaubt, schaut – man könnte sagen: per definitionem – nicht mehr auf sich selbst. Das darf natürlich nicht so verstanden werden, als laufe die Heilsgewißheit des Glaubens auf eine *Selbst*sicherheit der Gläubigen hinaus und sei als solche Bedingung für das Heil. Die römisch-katholische Seite betont ja mit Recht, daß die Gnadengabe der Liebe stets noch vollkommen werden kann, die Gerechtigkeit Gottes als Ziel also noch aussteht. Die allfällige Selbstkritik der Gläubigen widerspricht aber nicht der reformatorischen Lehre, denn wer sich ganz schlicht auf Gott verläßt, denkt nicht darüber nach, ob er sich wirklich auf Gott verläßt. Auch in der Anfechtung *„soll der Mensch nicht auf sich, seine Sünde, seine Zwei-*

fel blicken, sondern auf Christus und die in der Taufe begründete, in der Buße immer neu ihm zugesprochene Gemeinschaft mit ihm. Wenn und insoweit der Mensch so glaubt, ist er dann in der Tat seines Heiles gewiß, weil man sich nicht auf Gottes Heilswort verlassen und es zugleich, im Vollzug des Sich-Verlassens, für unzuverlässig halten kann" (MG 231).

Die Betonung des gewissen und festen Vertrauens auf die Lossprechung seitens der Reformatoren konvergiert interessanterweiser mit der römisch-katholischen Auffassung von der Wirksamkeit der Sakramente: *„Der Glaube darf und muß der Vergebung Gottes, also der speziellen Wirkung des Sakramentes in mir, völlig gewiß sein, sofern man es von seiten des Sakramentes aus betrachtet – lutherisch gesagt: von seiten dessen, was ‚extra me', ‚außerhalb von mir' ist"* (MG 230).

Im vorletzten Abschnitt ging es darum, daß die reformatorische Theologie gerade die bleibende Sünde in den Getauften behauptet. Wenn die Person auch nur ansatzweise in die Selbstgerechtigkeit zurückfällt, sind selbst die Werke der Liebe nicht nur unvollkommen, sondern im strengen Sinne Todsünden – wie Luther schon in der Heidelberger Disputation von 1518 feststellte (WA 1,353). Die gleichzeitige und auf den ersten Blick natürlich paradoxe Behauptung einer unbedingten Heilsgewißheit ergibt sich daraus, daß die Person sich im Glauben buchstäblich verläßt, und zwar auf Gott hin. Das ist die Kehrseite der im Glauben geschenkten radikalen Selbst- und Sündenerkenntnis. Die Notwendigkeit der Heilsgewißheit ist wieder im logischen Sinne zu verstehen: beide Aspekte des Glaubens schließen eine Selbstbeurteilung der Person aus, die nach gewissen Kriterien die Werke als mehr oder weniger liebevoll einstufen könnte. Eine solche Reflexion wäre sogleich das Indiz dafür, daß die dem Glauben wesentliche Gelassenheit und Spontaneität verloren gegangen ist.

Diese Überlegungen werden in der Gemeinsamen Erklärung von 1997 vertieft und wieder in prägnanter Form als Konsens formuliert: *„Wir bekennen gemeinsam, daß die Gläubigen sich auf die Barmherzigkeit und die Verheißungen Gottes verlassen können. Auch angesichts ihrer eigenen Schwachheit und mannigfacher Bedrohung ihres Glaubens können sie kraft des Todes und der Auferstehung Christi auf die wirksame Zusage der Gnade Gottes in Wort und Sakrament bauen und so dieser Gnade gewiß sein"* (GE § 34).

Die lutherische Theologie betont: *„In der Anfechtung soll der Gläubige nicht auf sich, sondern ganz auf Christus blicken und ihm allein vertrauen. So ist er im Vertrauen auf Gottes Zusage seines Heils gewiß, wenngleich auf sich schauend niemals sicher"* (GE § 35). Auf diese Unterscheidung von Sicherheit und Gewißheit kommt es an. Sobald sich der Glaubende auf den eigenen Glauben richtet, verliert er die Gewißheit, die sich demnach als Kehrseite der christlichen Freiheit von der krampfhaften Suche nach „Selbst-Sicherheit" erweist. Dieser Auffassung stimmt die römisch-katholische Seite zu und definiert den Glauben geradezu als „Selbstüberantwortung an Gott, der uns Rettung verheißt". Was 1986 noch als Zugeständnis an die reformatorische Position formuliert wurde, erscheint nun als eigene katholisch-theologische Aussage: *„Man kann nicht in diesem Sinn an Gott glauben und zugleich dessen Verheißungswort für nicht verläßlich halten. ... In allem Wissen um sein eigenes Versagen darf der Glaubende dessen gewiß sein, daß Gott sein Heil will"* (GE § 36).

Die mögliche Konvergenz reicht noch weiter als die expliziten Erörterungen im Dialog: Wenn nämlich die Unvollkommenheit der christlichen Liebe betont wird, so kann eine solche Selbstkritik im Prinzip auch Zeichen christlicher Freiheit sein. Vielleicht gibt es ganz unverzerrte Selbstkritik gerade nur als Frucht des Glaubens. Daß Gott der menschlichen Person seine Gerechtigkeit mitgeteilt hat, ist zwar nicht zu überbieten – aber es ist nicht schon alles. Auf diesem Fundament dürfen wir bauen, und es kann mehr oder weniger gut gelingen. In diesem Sinne werden wir mit unseren Werken einem Gericht unterzogen werden (1 Kor 3,11-13; 2 Kor 5,10). Es ist diese futurisch-eschatologische Nuance von „Gerechtigkeit", die in der römisch-katholischen Position zur Geltung kommt. Und schließlich ergibt sich aus der radikalen kritischen Selbsterkenntnis der gerechtfertigten Person, daß auch in evangelischer Sicht keine Selbstsicherheit aufkommen kann.

7. Glaube und Werke

Diese Sicht hat auch Konsequenzen für die Rede von „verdienstlichen" Werken. In lutherischer Sicht sind wir gerechtfertigt, *bevor* wir das Gesetz halten. Das schließt keineswegs eine Entsprechung zwischen unserem leiblichen Leben und unserer ewigen Existenz vor Gott notwendig aus. In römisch-katholischer Sicht wird zwar durch gute Werke ein Anspruch auf das Heil erworben, aber sie entspringen einem vom Geist Gottes bewegten Willen – so wird im nordamerikanischen Gespräch betont. Verdienstliche Werke setzen *„notwendigerweise die Gnade voraus und vollenden das, was Gottes Gnade begonnen hat. Ihr verdienstlicher Wert liegt darin, daß der Heilige Geist in denen, die solche Werke tun, präsent und wirksam ist"* (§ 109).

Das Wahrheitsmoment der römisch-katholischen Auffassung liegt in der Betonung der „Fülle der Gaben Gottes" (§ 112). Gott belohnt, was er selbst ermöglicht – eine seltsame Denkfigur, die aber die ungeschuldete Gnade angemessen umschreiben mag, zumal es dabei nicht um ein Sammeln von Schätzen, sondern um Werke der Nächstenliebe geht, also um Gottes Gnade für andere. Die Fülle der Gnade Gottes in den Werken der Liebe kann katholischerseits noch vertieft werden, indem die in sich bereits problematische Vorstellung vom Sühneleiden Christi ausgeweitet wird auf die Glieder des Leibes Christi. Die Katholiken *„waren der Überzeugung, daß die Gläubigen, die in der Gnade Gottes leben, an den Leiden Christi teilhaben können, an seiner Sühne für ihre Sünden und an seiner Fürbitte für die geistlichen Nöte anderer Menschen"* (§ 114).

Diese Vorstellung hat sicherlich zu einer Fülle von Mißbräuchen vor allem in der Heiligenverehrung geführt, kann aber im Sinne einer Gemeinschaft im Leiden die Lehre von der Kirche vertiefen. Sogar Luther kann davon sprechen, daß die Vereinigung mit Christus im Glauben die Person begnadet, anderen Menschen ein Christus zu werden (s.o. A1). Im Dialog von 1986 wird darauf verwiesen, daß bereits die Väter von Trient den Begriff „Lohn" im christologischen Zusammenhang verstanden haben: *„Wie kann man Bedenken gegen den Verdienstbegriff haben, wenn Jesus selbst doch vom ‚Lohn' spricht und es überdies hier nur um jenes Handeln geht, das der Christ als Glied Christi vollbringt? ... Wo die Reformatoren die Selbstverherrlichung des Menschen in seinen Werken fürchten, ... begründet [das Konzil] das Verdienst des* ewigen Lebens *im Geschenk der Gnade selbst durch Christusgliedschaft"* (MG 245). Ein anderer Aspekt des christlichen Handelns aus der Gnade, den der Verdienstbegriff unterstreichen kann, ist die *Verantwortlichkeit* der Person für dieses Handeln.

So bleiben die Themen „Verdienst" und „Genugtuung" kontrovers. Die Bilder können im Sinne eines distributiven Begriffs von Gerechtigkeit mißverstanden werden. Die guten Werke sind Folge und Frucht der Gnade – inwiefern begründen sie aber in irgendeiner Weise vor Gott einen Anspruch, wie sind sie als „Verdienste" zu verstehen? Für Luther sind die Werke der Liebe im strengen Sinne Todsünden, sobald sie im Hinblick auf einen Lohn getan werden (WA 1,353), weil dann die Person wieder auf sich selbst sieht und selbstgerecht wird. Die römisch-katholische Lehre kann aber darauf verweisen, daß wir als Glieder am Leibe Christi gleichsam am Handeln Christi beteiligt sind. Natürlich ist der Begriff „meritum" mißverständlich, weil er die Gnade in geradezu dinglichen Kategorien beschreibt, kann aber auch positiv interpretiert werden als Hinweis auf den eschatologischen Aspekt der Rechtfertigungslehre, auf die Fülle der Gerechtigkeit als Ziel einer wunderbaren Vermehrung und Vervielfältigung der Gnade. Es käme darauf an, daß innerhalb der Lehre von der Kirche als Leib Christi jede selbstbezogene Fixierung auf Verdienste selbstverständlich ausgeschlossen bleibt. Diese Gefahr entsteht bereits, wenn Kriterien für die Bewertung des eigenen Handelns ins Spiel kommen, das nun nicht mehr schlicht und „überflüssig" aus dem Glauben entspringt, sondern eine Versuchung zur subtilen Selbstgerechtigkeit darstellt. Christus wirkt gleichsam „durch mich", also nicht ohne mich, aber nicht so, daß ich dieses Wirken in eigene Regie nehmen könnte. Das behauptet Luther freilich schon in der soeben zitierten Heidelberger Disputation (WA 1,355). So kann er später pointiert formulieren: „Das Reich [Gottes] verdient seine Söhne, nicht die Söhne das Reich" (WA 18,694).

Dieser Gedanke wird in der Gemeinsamen Erklärung von 1997 zum Ausgangspunkt: *„Wenn der Gerechtfertigte in Christus lebt und in der empfangenen Gnade wirkt, bringt er, biblisch gesprochen, gute Frucht. Diese Folge der Rechtfertigung ist für den Christen, insofern er zeitlebens gegen die Sünde kämpft, zugleich eine Verpflichtung"* (GE § 37).

Der christologisch begründete Gedanke des Wachsens und der Fülle – der auch die Nuance des unwillkürlichen und spontanen Handelns einschließt – wird hier zugleich mit der Verantwortung der Christen zur Sprache gebracht. *„Nach katholischer Auffassung tragen die guten Werke, die von der Gnade* *und dem Wirken des Heiligen Geistes erfüllt sind, so zu einem Wachstum in der Gnade bei, daß die von Gott empfangene Gerechtigkeit bewahrt und die Gemeinschaft mit Christus vertieft werden"* (GE § 38).

Von einem „Verdienst" kann hier die Rede sein, sofern solchen Werken ein Lohn verheißen ist – dieser Gedanke schärft ein, daß wir für das Geschenk der Gnade auch verantwortlich sind und es nicht verspielen dürfen, vielmehr gleichsam gewinnbringend anlegen oder besser: fruchtbar machen sollen. Auf lutherischer Seite wird betont, daß es kein „mehr oder weniger" gibt, wenn Gott die Person annimmt. Das muß aber nicht ausschließen, daß die Auswirkungen der Gnade im Leben der Person als Wachstum zu beschreiben sind (GE § 39).

8. Tragweite

Das Gespräch von 1986 konstatiert als Ergebnis: *„Was das Verständnis der Rechtfertigung des Sünders angeht, so treffen die beiderseitigen hier erörterten Verwerfungsaussagen des 16. Jahrhunderts nicht mehr mit kirchentrennender Wirkung den Partner von heute"* (MG 247). Dabei hat sich herausgestellt, daß schon damals der Gegner keineswegs immer getroffen wurde – diesen Aspekt hat die hier gegebene Darstellung noch vertieft. Daraus ergibt sich die Aufgabe, die reformatorische und die römisch-katholische Lehre noch eingehender zu vergleichen, selbst auf die Gefahr hin, daß die Differenzen sich verschärfen, aber mit der Chance, die „Komplementarität" zu profilieren, die der Dialog vermutet. Die Differenzen bleiben jedenfalls *„theologische Aufgaben, die weiterverfolgt werden müssen, auch im legitimen theologischen Streit* – innerhalb *der einen Kirche, die an ihnen nicht zerbrechen muß"* (ebd.).

Der amerikanische Dialog versucht die Differenzen zu bündeln in einer weiteren Streitfrage, nämlich dem Problem, ob es Kriterien der Authentizität geben kann. Die grundlegende Unterscheidung ist also nicht nur inhaltlich zu umreißen als „Transformation" oder „dialektische Existenz", sondern auch methodologisch: Welchen theologischen Stellenwert hat die Rechtfertigungslehre? Sie gilt in der evangelischen Kirche als „Korrelat zur alleinigen Mittlerschaft Christi" und als „Artikel, mit dem die Kirche stehen oder fallen muß" (§ 117). Zu Geltung gebracht wird sie in erster Linie als kritisches Prinzip für alle Formen christlicher Frömmigkeit. Demgegenüber gilt aber: *„Die Katholiken sind ihrerseits sehr vorsichtig, eine bestimmte Lehre zum absoluten Prinzip zu erheben, anhand dessen man – sozusagen von außen – das katholische Erbe reinigen könnte"* (§ 119).

Die Gefahr der gleichsam auf Dauer gestellten theologischen Kritik an der lebendigen kirchlichen Gemeinschaft kann ein Individualismus sein, der die von Gott eingesetzen Gnadenmittel vernachlässigt. Umgekehrt droht auf römisch-katholischer Seite die Mißdeutung der kirchlichen Institutionen als Heilsbedingung. Die Betonung des kritischen Prinzips kann freilich wieder die Fülle der Gaben Gottes mißachten – die umgekehrt nicht ungefährdet ist und durch Aberglauben oder Selbstverherrlichung verdorben sein kann. Auch hier schließen die unterschiedlichen Anliegen einander nicht aus.

Nimmt man diese Polarität von „Kritik" und „Fülle" ernst, dann wäre evangelischerseits zu prüfen, ob spezifisch römisch-katholische Vorstellungen von Fegefeuer, Papsttum und Heiligenverehrung eine Interpretation zulassen, die mit der Rechtfertigungslehre vereinbar ist (vgl. dazu etwa 7.). Dann ist der Fall denkbar, daß diese Vorstellungen die Kirchen nicht mehr trennen, obwohl sie von den Protestanten nicht angenommen werden. Erforderlich wäre umgekehrt die Offenheit der katholischen Seite *„hinsichtlich des Ausmaßes, in dem diese traditionellen katholischen Positionen auf dem Wege zu einer engeren Gemeinschaft von anderen akzeptiert werden müssen"* (§ 153).

Einen Schritt in diese Richtung wagt das Dokument „Kirche und Rechtfertigung" von 1994. Das Grundproblem lautet: *„Katholiken fragen, ob das lutherische Verständnis von Rechtfertigung nicht die Wirklichkeit der Kirche schmälere; Lutheraner fragen, ob das katholische Verständnis von Kirche nicht das Evangelium, wie die Rechtfertigungslehre es expliziert, verdunkle"* (KR § 166). Die grundlegende Komplementarität ergibt sich daraus, daß das Evangelium als schöpferisches Wort auch die Kirche zum Geschöpf Gottes macht und als solches zur sozialen Wirklichkeit, die Menschen verbindet (KR § 171). Es kann dann einerseits Wert gelegt werden auf Tradition und Institution, es muß andererseits stets gefragt werden, ob solche Elemente von Kontinuität noch durchsichtig sind für die Begegnung Gottes mit den Menschen (KR § 180).

Es kann allerdings bezweifelt werden, ob die im Dokument angedeuteten Überlegungen nicht doch die Radikalität des Evangeliums wieder relativieren. So wird das katholische, am Lehramt orientierte Verständnis des Dogmas zwar eingeschränkt: Eine dogmatische Aussage ist „keine unhinterfragbare Größe". Sie wird aber hinterfragt nur durch die stetige Entfaltung der Glaubenswahrheit, die den Glauben der Fülle der göttlichen Wahrheit entgegen wachsen läßt (KR § 221). Ist eine solche Kontinuität – wenn keine dogmatische Aussage im strengen Sinne zurückgenommen werden kann – wirklich noch einer Kritik vom Wort Gottes her ausgesetzt?

9. Das reformiert/römisch-katholische Gespräch

Das Dokument von 1990 enthält nur einen kurzen Abschnitt über „Rechtfertigung aus Gnade durch Glauben" (§§ 77-79; DwÜ 647f), der freilich vertieft wird in den anschließenden Überlegungen zur Rolle der Kirche im Rechtfertigungsgeschehen (§§ 80-88; DwÜ 648-650). Das ist insofern bedeutsam, als der anglikanisch/römisch-katholische Dialog zeigen wird, wie fruchtbar eine ekklesiologische Erweiterung der Perspektive in der Rechtfertigungslehre sein kann.

Es ist erstaunlich, wie weit die Konsensformulierung geht: *„Wir anerkennen, daß unsere Rechtfertigung ein ganz und gar unverdientes Werk ist, das Gott in Christus wirkt. Wir glauben, daß die gläubige Annahme der Rechtfertigung selbst eine Gnadengabe ist. Durch die Gnade des Glaubens erkennen wir in Jesus von Nazaret, dem durch seine Auferstehung eingesetzten Christus und Herrn, den Einen an, der uns rettet und in die Lebensgemeinschaft mit Gott führt"* (§ 77).

Hier wird zum einen betont, daß bereits die „Entscheidung" für die Annahme der Gnade Wirken des Geistes, also nicht dem „freien" Willen überlassen bleibt. Gerade darum ist aber der Glaube als „lebendiger und lebenspendender Glaube" (ebd.) zu profilieren. Zum andern wird die Person nicht im falschen Sinne „äußerlich" zum Glauben gebracht, vielmehr ist Glaube ein durch die Gnade bewirkter Erkenntnisprozeß.

Glaube wird klar von einem Werk abgegrenzt, denn er ist in erster Linie ein Empfangen und eine Befreiung. Das ergibt sich bereits aus dem jeder menschlichen Aktivität entzogenen eschatologischen Handeln Gottes in der Auferweckung Jesu Christi und muß bis in die einzelnen Züge der Rechtfertigung hinein buchstabiert werden: *„Wir empfangen von Christus unsere Rechtfertigung, d.h. unsere Vergebung, unsere Befreiung, unser Leben mit Gott. Durch den Glauben werden wir von der Anmaßung befreit, daß wir irgendwie uns selbst erlösen können; durch den Glauben werden wir getröstet trotz unserer Angst, uns selbst zu verlieren. Wir werden freigemacht, um uns selbst der Heiligung zu öffnen, die Gott für uns will"* (§ 78).

Der „freie Wille" spielt demnach zwar in der Heiligung eine Rolle, doch wird davon das Rechtfertigungsgeschehen streng unterschieden, weil es solche Freiheit erst schafft, so daß es ohne Rechtfertigung gar keinen freien Willen gibt. Nun erst kann von einer „in Fülle wiederhergestellten Freiheit" (§ 79) gesprochen werden. Die Heiligung ist ein Geschenk, die menschliche Antwort kann daher nichts als Dankbarkeit sein, und diese Dankbarkeit ist immer ein zweites Wort. Vielleicht ist der Zusammenhang etwas unglücklich formuliert, wenn es heißt: *„Wer umsonst empfangen hat, ist zu Dankbarkeit und Dienst verpflichtet"* (ebd.), denn entweder ist ein Geschenk ein Geschenk und also umsonst – oder eben nicht. Wie sollen wir uns ein Geschenk mit Dienstverpflichtung vorstellen? Gelungener ist die andere Formulierung: *„Der Glaube empfängt zwanglos, und er gibt aktiv Zeugnis, indem er in der Liebe wirksam wird"* (ebd.). Hier wird deutlicher, daß die Befreiung in Christus sich gleichsam ausbreitet und wächst, um sich greift und sich vertieft. Die Befreiung durch den Glauben schafft ihrerseits Freiheit, richtet sich also auch auf Leben und Gerechtigkeit als Früchte der Gnade.

Die Betonung der Dankbarkeit ist ein reformiertes Motiv – der Heidelberger Katechismus behandelt Dekalog und Herrengebet unter diesem Stichwort (s.o. A1) – und erweist sich als sinnvolle Schnittstelle zwischen „forensischer" und „transformatorischer" Ebene des Rechtfertigungsgeschehens. Ein in diesem Zusammenhang eher katholisches Motiv mit ähnlicher Funktion ist die Rolle der Kirche. *„Jede Rechtfertigung findet in der Gemeinschaft der Glaubenden statt oder ist auf die Versammlung einer solchen Gemeinschaft hingeordnet. Grundlegend für uns alle ist die Gegenwart Christi in der Kirche, die gleichzeitig als Gnadenwirklichkeit und als konkrete Gemeinschaft in Zeit und Raum angesehen wird"* (§ 80).

In der Kirche handelt Christus selbst durch den Geist, vereint die Menschen mit sich und bezieht sie in das „Geheimnis seiner Selbsthingabe" (ebd.) ein. Hier entsteht eine Wechselbeziehung von individueller und gemeinschaftlicher Erfahrung, die ähnlich geheimnisvoll bleibt wie das Ineinander von Zuspruch der Gnade und Leben aus der Gnade. Nur durch die Kirche kommt der Zuspruch der Vergebung auf die Person zu, und doch ist die Kirche nicht Mittlerin, sondern ihrerseits abhängig vom Geschenk der Gnade. Und das in der Rechtfertigung eröffnete neue Leben wird stets bezogen sein auf die Gemeinschaft der Glieder am Leib Christi, *„insofern Gottes Ruf immer auf die Auferbauung der Kirche, die der Leib Christi ist, abzielt"* (§ 87). So zeichnet sich eine interessante ekklesiologische Vertiefung des Motivs „Dankbarkeit" ab: Das Zeugnis als Urgestalt, als erste Äußerung des dankbaren Lebens aus der Gnade setzt sich fort als Ruf an andere Menschen.

B3 evangelisch/orthodoxer Dialog

Es ist verständlich, daß sich im Bereich der Lehre von der Erlösung die Gespräche zwischen evangelischen bzw. lutherischen und orthodoxen Kirchen auf die Begriffe „Rechtfertigung" und „Vergöttlichung" konzentrieren. Die beiden Begriffe markieren zwei untrennbare Aspekte des Erlösungsgeschehens. Das wird im Kommuniqué eines Gesprächs zwischen Vertretern der Russischen Orthodoxen Kirche und der Evangelisch-Lutherischen Kirche in Finnland von 1977 (MG 100-103) als Grundaussage formuliert. Schon die altkirchliche Theologie verbindet beide Seiten in christologischer Perspektive: Jesus Christus trägt unsere Sünde und nimmt ihr damit zugleich die Macht über uns. Solche Macht über Sünde und Tod hat Jesus Christus, weil in ihm die menschliche in die göttliche Natur aufgenommen ist, und eben deshalb kann er auch uns in die göttliche Wirklichkeit hineinziehen. *„So ist Jesus Christus die Grundlage unserer Rechtfertigung und Vergöttlichung"* (II).

Beide Aspekte sind gleichsam gebündelt in der Taufe, die uns mit Christus vereinigt. Hier werden wir von der Macht des Teufels, von Sünde und Tod befreit und zum ewigen Leben neugeboren. Das Leben in der göttlichen Gemeinschaft gelangt allerdings erst in einem lebenslangen Prozeß zu seiner vollen Wirklichkeit. Dieser Prozeß ist einerseits geprägt durch Gehorsam gegenüber dem göttlichen Gebot und stets erneute Buße, andererseits durch die Mitteilung der gottmenschlichen Wirklichkeit Christi in der Eucharistie. Darin empfangen wir Christus *„mit Glauben und Liebe in unseren Herzen und werden innerlich und äußerlich Teilhaber ... an seiner göttlichen Natur"* (III).

Die Betonung der Eucharistie ist wichtig, denn auf diesem Hintergrund werden auffällige Momente im lutherisch-orthodoxen Konsens verständlich. Das Rechtfertigungs- und Vergöttlichungsgeschehen bleibt ein *Geheimnis,* das auf beiden Seiten unterschiedlich akzentuiert, aber niemals erschöpfend beschrieben werden kann. „Jeder Mensch kann gerettet werden" (IV,1) – eine Aussage, die von den Reformatoren vermutlich zurückgewiesen worden wäre, weil sie der souveränen göttlichen Erwählung widerspricht. Die Erlösung wird aus orthodoxer Perspektive beschrieben; sie *„beginnt mit einem Ruf von Gott und mit einer inneren Hinwendung des Menschen zu Gott im Glauben und seiner darauf folgenden Neugeburt ‚aus Wasser und Geist' (Joh 3,5), d.h. durch die Taufe"* (IV,2).

Die reformatorische Version müßte darauf bestehen, daß die Neugeburt erst die innere Hinwendung der Person zu Gott ermöglicht. Das Interesse auf orthodoxer Seite ist freilich legitim, denn es geht um eine Beschreibung der Gnade, die niemals den persönlichen Willen des Menschen zwingt, sondern ihn durchdringt: *„Jeder von uns hat die Möglichkeit, den Willen Gottes mit Hilfe des Heiligen Geistes anzunehmen oder ihn abzulehnen"* (IV,7).

Das Geheimnis der Synergie von göttlicher Gnade und menschlichem Willen (s.o. A5) kann gewahrt werden, wenn beide Aspekte so differenziert wie möglich beschrieben werden. Die menschliche Freiheit zeigt sich darin, daß die Person faktisch mit der heilbringenden Gnade Gottes zusammenwirkt oder sie ablehnt, und zwar jeweils ungezwungen. Die lutherische Seite könnte diesem charakteristisch orthodoxen Gedankengang nur zustimmen, sofern der Vorbehalt gewahrt bleibt, daß der Mensch nicht über die faktische Ausrichtung seiner Freiheit verfügt. Es bleibt dann wirklich bei einer unauslotbaren Vereinigung menschlicher Freiheit und göttlicher Gnade. Das wird im finnisch-russischen Dokument von 1977 nicht ausgeschlossen, allerdings auch nicht ausdrücklich betont. So bleibt es bei einer Problemanzeige: „Die Korrelation zwischen dem Wirken der göttlichen Gnade und dem freien Willen des Menschen in der Erlösung" bedarf sorgfältiger Analyse (V).

Konsensfähig ist jedenfalls die Durchdringung des menschlichen Willens durch die Gnade im Prozeß der Heiligung. Das Wachsen der Person in Heiligkeit ist zugleich ein Hinwachsen „immer näher zu Gott" (IV,4). Hier gilt: *Jegliche gute Tat, in welcher Form auch immer (Gedanken, Worte oder Taten), wird vom Christen durch das Wirken der Gnade des Heiligen Geistes getan* (IV,6).

Ein weiterer bilateraler theologischer Dialog fand zwischen der Rumänischen Orthodoxen Kirche und der EKD im Jahre 1988 statt. Der Erkenntnisfortschritt besteht nicht zuletzt darin, daß die Theologie Luthers für das Thema „Vergöttlichung" durchsichtig gemacht wird, denn die Vereinigung der Seele mit Christus (s.o. A1) kann in der forensischen Dimension der Rechtfertigung nicht hinreichend beschrieben werden. Auf orthodoxer Seite wird zwar stets der „Synergismus" betont, aber auf dem Hintergrund einer Lehre von der Gnade als ungeschaffener göttlicher Energie, die den Menschen dynamisch durchdringt. So bleibt der Unterschied zwischen Schöpfer und Geschöpf gewahrt, und zugleich kann die Kooperation der menschlichen Person mit der Gnade vom reformatorischen Verdacht einer Selbsterlösung abgegrenzt werden. Insgesamt stellt sich heraus, daß eine Konvergenz möglich ist, wenn die je verschiedenen Nuancen der Begriffe sorgfältig beachtet werden.

Das abschließende Kommuniqué (RV 29-33) geht aus von dem Heil, das Gott uns Menschen durch Jesus Christus im Heiligen Geist schenkt. Dieses Heil kann in der orthodoxen Tradition als Vergöttlichung, in der reformatorischen Theologie als Rechtfertigung und Heiligung bezeichnet werden. *„Beide Aussagen blicken auf das eschatologische Ziel, in dem wahres Menschsein zur Erfüllung kommt und damit Gottes Willen mit seiner Schöpfung; es geht aber zugleich um das rechte Verständnis des Lebens des Getauften und Gerechtfertigten unter der Gnade Gottes in der noch pilgernden Kirche"* (§ 1).

Die Unterschiede in der Frömmigkeit ergeben sich daraus, daß das Ganze des Glaubens und des Heils stärker von Paulus oder eher in johanneischen Aussagen zur Sprache gebracht werden kann. Wichtig ist die begriffliche Differenzierung, daß „Theosis" nicht allein die Vollendung der menschlichen Person in der Gemeinschaft mit Gott meint, sondern auch den „Weg der Heiligung im Kampf gegen die Sünde". Dieser Weg schließt die Rechtfertigung ein, die umgekehrt in der reformatorischen Theologie den ganzen Heilsweg umgreift (§ 2).

Wird diese Akzentverlagerung beachtet, lassen sich einige wichtige Übereinstimmungen festhalten. So wird vor allem das eschatologische Ziel der Vollendung auf beiden Seiten beschrieben als Teilhabe an Gottes Herrlichkeit, wobei solche *„Teilhabe an der göttlichen Natur (2 Petr 1,4) den wesenhaften Abstand zwischen Schöpfer und Geschöpf nicht aufhebt"* (§ 3). Die reformatorische Theologie mag das bleibende Gegenüber von Gott und Mensch deutlicher betonen, kann sich aber durch die orthodoxe Rede von der Vergöttlichung daran erinnern lassen, daß auch in der evangelischen Tradition – etwa in den Kirchenliedern zum Weihnachtsfest – der wunderbare Tausch zur Sprache kommt.

Eine interessante Konvergenz zeichnet sich überdies ab in der Beschreibung des christlichen Lebens. Der Weg der Heiligung im Kampf gegen die Sünde bleibt einerseits angewiesen auf die Gnade Gottes durch den Heiligen Geist, andererseits gehören Rechtfertigung und neues Leben eng zusammen. Die Person kann und muß ihren Heilsweg nicht eigenmächtig gestalten, denn *„Glaube, Rechtfertigung und Heiligung haben ihren Ort innerhalb der Kirche, in der Teilhabe an ihrem sakramentalen Leben, das ein Leben im Worte Gottes einschließt"* (§ 4).

Das reformatorische Interesse, die Abhängigkeit von Gottes Gnade im neuen Leben zu betonen, wird ekklesiologisch vertieft. Umgekehrt werden Heiligung und Vergöttlichung deutlich abgegrenzt von einer asketischen Leistung, denn sie haben ihren Ursprung im Heiligen Geist, *„in dem der Dreieinige Gott selbst im glaubenden Christen anwesend ist und wirkt"* (ebd.). Das christliche Leben ist ausgespannt zwischen dem Kampf gegen die Sünde und dem Wirken des Geistes. Diese Einsicht ermöglicht es, die für orthodoxe Frömmigkeit zunächst anstößige reformatorische Formel „simul iustus simul peccator" so zu umkreisen, daß dabei die Übereinstimmung hervortritt:

„Gerade als Getaufter, dem die Sünden vergeben sind und dem der Heilige Geist geschenkt wurde, kann und darf der wahre Christ nicht untätig bleiben. ... Vergebung verändert den Menschen. Er wird frei, seinen Glauben zu bekennen. ... Demut aufgrund der immer neuen Sündenerkenntnis, die zur Buße treibt, und Herrlichkeit in der Kraft Christi und des Heiligen Geistes gehören zusammen. Solche Herrlichkeit aus der Vergebung und in der Überwindung der Sünde, die sich in der Liebe zu Gott und dem Nächsten erweist, gehört zum Christenleben, auch wenn solche Herrlichkeit nur bruchstückhaft sichtbar und nur geistlich erkennbar ist. Es gibt Wachsen in der Heiligung; dennoch bleibt der Mensch versuchlich bis an sein Lebensende" (ebd.).

Hier wird die sachliche Pointe der „paradoxen" Formel – daß unverstellte Selbst- und Sündenerkenntnis bereits das befreiende Wirken des Heiligen Geistes voraussetzt, welches daher niemals ohne den Kampf gegen die eigene Sünde zu denken ist – verbunden mit der machtvollen Gegenwart Christi im Heiligen Geist, die das Christenleben durchdringt. Das Kommuniqué läßt an dieser Stelle den charakteristisch orthodoxen Vorbehalt gegenüber der reformatorischen Dialektik hinter sich, der im Gespräch noch deutlichen Ausdruck fand: *„Einerseits wird behauptet, daß die Anwesenheit der Gnade die Präsenz Gottes selbst bedeutet. Doch diese Behauptung wird global und nicht auf der Grundlage der Unterscheidung zwischen dem Wesen Gottes und der Gnade als Wirkung (Energie) dieses Wesens aufgestellt. ... Andererseits führen die protestantischen Auffassungen eine so strenge Trennung zwischen Natur und Gnade durch, daß von keinem Zusammenwirken mehr von Natur und Gnade im Menschen, der das Heil erlangt, gesprochen werden kann"* (RV 119).

Die Konvergenz von „Rechtfertigung" und „Verherrlichung" überwindet jedenfalls die sterile Entgegensetzung von „forensischen" und „ontologischen" oder „effektiven" und „transformatorischen" Aspekten der Rechtfertigungslehre. Die orthodoxe Kirche unterstreicht die Erneuerung, ohne dabei die forensische Dimension der Gerechtsprechung auszuschließen. *„Auch evangelische Theologie hebt durch die Berufung auf Gottes Wort gerade die schöpferische, verändernde Kraft des freisprechenden Urteils in Wort und in allem sakramentalen Handeln in der Kirche heraus. Gottes Zusage geht allen unseren guten Werken voran und über sie hinaus. Diese Zusage macht den*

Menschen, der sie glaubend und deshalb tätig annimmt, zur
‚neuen Kreatur' (2 Kor 5,17)" (§ 6).

Ein Schritt zur Klärung der im finnisch-russischen Dialog
noch problematischen Andeutung der geheimnisvollen Ein-
heit von göttlicher Gnade und menschlichem Willen – der
„Synergie" – liegt in der schlichten begriffsgeschichtlichen
Einsicht, daß „Synergismus" im Bereich reformatorischer
Theologie eine Aufweichung des „sola gratia" meint und den
Geschenkcharakter des Heils verdunkelt, während orthodoxe
Frömmigkeit betonen will, daß die Person nicht von außen
determiniert ist, wie gnostische Irrlehren zur Zeit der Alten
Kirche behaupteten. Beide Traditionen legen Wert darauf,
*„daß Gott am Menschen nicht mechanisch wirkt, sondern sein
Herz gewinnen will und deshalb seinen Glauben, seine Liebe und
damit seine guten Werke fordert. Eine ‚Synergie der Liebe', die
festhält, daß Gottes Liebe durch das Kreuz und die Auferstehung
Christi uns zur Liebe frei macht gegen ihn, Gott, und die Mitmenschen, ja die ganze Schöpfung, ist kein Kontroverspunkt"*
(§ 5).

Dieser Zusammenhang muß sicherlich noch weiter unter-
sucht werden. Immerhin wird deutlich gemacht, daß die
menschliche Freiheit im Bereich der Heiligung bereits geschenkte Freiheit, der Mensch zur Liebe befreit ist. Abgeblendet bleibt freilich die Betonung einer willentlichen Annahme
des Heilsgeschehens, die für die orthodoxe Seite von Bedeutung ist – auch im Vorfeld des Kommuniqués. Dieser Aspekt
ist schwer zu unterscheiden von der bei Luther schroff abge-
wiesenen Behauptung des Erasmus, wonach die natürliche
Freiheit des Menschen eine aktive Zuwendung zum Heilsgeschehen ermöglicht und erfordert. Wenn allerdings die Übereinstimmung so weit geht, daß der Wille befreit werden muß,
kann auch in orthodoxer Sicht die natürliche Wahlfreiheit des
Menschen keine signifikante Rolle spielen. Eine bleibende
Differenz zeigt sich freilich in den orthodoxen Gesprächs-
beiträgen. Zwar wird in aller Deutlichkeit gesagt, daß die Person erst in der Taufe vollendet, nämlich in die Relation zu
Gott eingeführt wird: *„Durch die Taufe findet ... eine ontologi-
sche Wiederherstellung und vollkommenere Personalisierung der
menschlichen Natur statt. Ontologisch wiederhergestellt ist der
Mensch wirklich frei und trägt deshalb einen eigenen Namen"*
(RV 134).

111

Doch eröffnet diese Befreiung nun der Person auch die Möglichkeit, sich der Gnade zu verschließen – und damit kann ohne Rückgriff auf die göttliche Erwählung begründet werden, warum sich nicht alle Menschen dem Ruf Gottes öffnen (vgl. RV 120f). Das Sich-Öffnen des Menschen darf aber wieder nicht – im Sinne des Erasmus – als Entscheidung eines selbstmächtigen Willens angesehen werden, denn: *„Diese Bedingung wird auch von Kindern erfüllt. Im Fall der Kindertaufe ist die Vorbedingung der Kooperation mit dem Wirken des Geistes, das in der Taufe seinen Anfang nimmt, sogar noch eher gewährleistet, und zwar durch die christliche Umgebung der Familie, von welcher das Kind stärker als ein Erwachsener beeinflußt wird, da es sich ihr eher öffnet, sowie durch das Umfeld der gesamten Kirchengemeinde, zu welcher die Familie gehört"* (RV 122).

Hier wird erkennbar, wie die orthodoxe Betonung des freien Willens gleichsam ekklesiologisch neutralisiert wird. Es bleibt nur die Frage: ist die göttliche Energie nicht stark genug in denen, die sich nicht öffnen?

Mit Zurückhaltung behandelt wurde das Problem von Synergie und Willensfreiheit auch, als im Jahre 1989 in den USA Vertreter der orthodoxen und der lutherischen Kirchen eine ausführliche Konvergenzerklärung formulierten. Das Gespräch wurde veröffentlicht unter dem Titel „Salvation in Christ" – womit bereits eine christologische Konzentration angedeutet ist. Die „gemeinsame Feststellung" ist überschrieben „Christus ‚in uns' und Christus ‚für uns'" und zeichnet die komplementäre Struktur von Vergottung und Rechtfertigung nach. Die Komplementarität wird auch hier zurückgeführt auf die Vielfalt biblischer Redeweisen und Denkformen.

Wenn die orthodoxe Seite von „Vergottung" spricht, so meint dies kein Aufgehen der geschöpflichen Personen im göttlichen Wesen, sondern die Vollendung *„einer persönlichen Relation zwischen Gott und Mensch, die in der Taufe beginnt und zur Teilhabe am göttlichen Leben führt – in den Sakramenten der Kirche, dem Leib Christi, der Gemeinschaft des Volkes Gottes"* (SiC 20).

Allerdings ist der Akzent dann anders gesetzt als in der mittelalterlichen und reformatorischen Theologie, wo das stellvertretende Leiden Christi – der „Christus für uns" – stärker betont wird als die Selbst-Mitteilung Christi an uns – das „Christus in uns". Das amerikanische Dokument hebt aber mit

Recht hervor, daß bei Luther und auch in der lutherischen Frömmigkeit der Vorstellung einer Vereinigung der Seele mit Christus entscheidende Bedeutung zukommt. Der tiefere theologische Grund für die Konvergenz liegt darin, daß der Begriff „Glaube" in reformatorischer Theologie untrennbar verknüpft ist mit der Gegenwart Christi in der Gemeinschaft der Gläubigen, in Wort und Sakrament und in der menschlichen Person. Daher umgreift „Glaube" stets auch die Vereinigung Gottes mit der Person (SiC 23). Diese Vereinigung muß geradezu als Kehrseite des Freispruchs durch den gnädigen Gott aufgefaßt werden: *„Das Wort der Rechtfertigung trifft den Sünder von außen, als Erklärung Gottes, durch Zurechnung. Es gibt keinen Ort für menschliche Mitwirkung bei der Rechtfertigung, sie ist allein Gottes Werk. Rechtfertigung erfordert allerdings den Glauben, denn dadurch eignen sich die Gläubigen den erlösenden Tod und die Auferstehung Christi an"* (ebd.). Das äußere Wort, der Zuspruch solcher Gerechtigkeit trifft die Person ins Innerste – und das meint „Glaube" im reformatorischen Sinne.

Das Ziel des Heilshandelns Gottes ist die Gemeinschaft der Person mit dem lebendigen Gott – darin stimmen beide Traditionen überein. Voraussetzung ist für beide der stellvertretende Sühnetod Jesu Christi und die Auferstehung. Die Initiative *„liegt allein beim dreieinigen Gott, der eine personale Beziehung zu den Menschen herstellt und uns sein Leben mitteilt. Durch Gnade haben wir teil an dem, was Gott von Natur aus ist, und wir werden, was wir nach Gottes Absicht sein sollen"* (SiC 24).

Die Differenz betrifft das Verhältnis zwischen der Einheit der menschlichen Person mit Christus und dem unaufhebbaren Gegenüber zu Gott – beides muß behauptet werden, aber die Spannung kann unterschiedlich entfaltet und akzentuiert werden. *„Während die Orthodoxen Gerechtigkeit verstehen als innere Verwandlung auf ‚Gottähnlichkeit' hin – d.h. als Heiligung im lutherischen Sinne –, sagen die Lutheraner, Gerechtigkeit werde menschlichen Personen zugerechnet. Aber es gibt keinen Dissens im Grundsatz, daß das Heil ein Gnadenhandeln ist, durch das Gott die Sünder in eine liebevolle Beziehung zu sich selbst hineinzieht"* (ebd.).

Die orthodoxe Seite erweitert die Vorstellung des stellvertretenden Sühnetodes Christi durch den Hinweis darauf, daß der Tod Jesu Christi den Tod besiegt. Die Erweiterung beleuchtet wieder die Komplementarität von Rechtfertigung und Vergöttlichung, denn sie akzentuiert die physische Dimension des Heils: die Mitteilung der göttlichen Unsterblichkeit. Diese Dimension kann verloren gehen, wenn einseitig die juridische Vorstellungswelt der (zugerechneten) Gerechtigkeit und des Freispruchs hervorgehoben wird. Freilich kann auch in reformatorischer Theologie und Frömmigkeit die Erlösung als Sieg Christi über den Tod besungen werden (SiC 25).

Im Unterschied zu den europäischen evangelisch-orthodoxen Dialogen führt das amerikanische Gespräch die theologisch-anthropologischen Implikationen der Erlösungslehre deutlich aus. Es geht um die Frage nach dem Menschen als Ebenbild Gottes und nach der Sünde als Defizit oder Verlust der Gottebenbildlichkeit. Eine mögliche Konvergenz wird durch die Einsicht eröffnet, daß der Begriff „Ebenbild Gottes" biblisch und theologisch unterschiedliche Nuancen aufweist. Von der Schöpfung her verweist er auf freien Willen und Vernunft als charakteristische Züge der Natur des Menschen. Dann kann man nicht sagen, das Ebenbild sei durch den Fall verlorengegangen, denn auch der sündige Mensch ist insofern frei, als er moralische Entscheidungen treffen kann. Es gibt aber schon in der Alten Kirche die Unterscheidung zwischen „imago" und „similitudo Dei", wobei der letztere Aspekt die ursprüngliche ungetrübte Beziehung der menschlichen Person zu Gott meint – und diese Relation ist durch die Sünde natürlich zerstört. Überdies kann der Begriff „Ebenbild Gottes" auch christologisch interpretiert werden (vgl. etwa Kol 1,15), so daß erst von der Erlösung in Christus her zu sagen wäre, worin die Ebenbildlichkeit besteht. Denn erst in Christus ist auch die Gottesbeziehung wiederhergestellt.

Es ist klar, daß diese Nuancen einander nicht ausschließen, sondern ergänzen. *„Im allgemeinen ziehen es die Lutheraner vor, vom Ebenbild Gottes im christologischen Sinne zu sprechen und damit auszusagen, was durch den Fall verloren ging und in der Erlösung wiedergewonnen wird. Die Orthodoxen ziehen es vor, im Begriff der Gottebenbildlichkeit alle spezifisch göttlichen Eigenschaften zusammenzufassen, die in den menschlichen Wesen ihren Reflex finden, freien Willen und Vernunft, die auch nach dem Fall zur menschlichen Natur gehören"* (SiC 27).

In diesem Rahmen kann aber die Wiederherstellung und Überbietung der ursprünglichen – und durch den Fall verlorenen – Vollkommenheit in Christus auch auf orthodoxer Seite behauptet werden. Umgekehrt hat Luther selbst in der schroffen Polemik gegen Erasmus nie bestritten, daß es in weltlichen Dingen so etwas wie freie Entscheidung gibt. Auch auf lutherischer Seite wäre zu sagen: *„Wenn das Ebenbild Gottes nur verstanden wird als Wesen der Seele, als Intellekt, Wille und natürliche Vorzüge des Menschen, so ist es nicht verloren gegangen. Wird es aber auch verstanden als Gerechtigkeit und wahre Heiligkeit, so ging das Ebenbild Gottes im Fall verloren und wurde durch Christus wiedergewonnen"* (ebd.).

Hier zeichnet sich eine interessante Grundeinsicht ab: es gibt zwei Beschreibungsebenen, die zu unterscheiden sind: der Mensch als Ebenbild Gottes kann durch Eigenschaften – den freien Willen und die Vernunft – charakterisiert werden, er kann aber auch umrissen werden als gottbezogenes Wesen, als Gegenüber Gottes. Die beiden Ebenen greifen in komplexer Weise ineinander. Durch den Verlust der Gottbezogenheit werden zwar die ontologischen Aspekte nicht einfach ausgelöscht, aber sie bleiben auch nicht unberührt. Für Luther werden Vernunft und freier Wille in katastrophaler Weise pervertiert, so daß der Mensch sich immer nur von Gott abwenden wollen kann. So beeinträchtigt der Verlust der ursprünglichen Gottesbeziehung auch den freien Willen, der zwar noch da, aber in perverser Form wirksam ist, so daß gerade die willentliche Zuwendung zu Gott eine Gestalt der Sünde ist (s.o. A1 und B2.1.). Luther kann daher so weit gehen, gelegentlich „Natur" und „Gnade" derart zu konfrontieren, daß „Natur" und „Sünde" synonym werden, nämlich als gottfeindliche Egozentrik (vgl. WA 56,356 zur Auslegung von Röm 8). Extreme Lutheraner wie Matthias Flacius konnten daraufhin behaupten, daß wir *„‚von Natur aus sündig und unrein sind', welche Formulierung orthodoxe Theologie normalerweise nicht verwenden mag. ... Lutherische Theologie hat niemals behauptet, der Mensch sei ‚von Natur aus' sündig, denn dann gäbe es keine Erlösung. Der Begriff ‚Natur' in dieser Wendung ist ein metaphorischer Ausdruck, der die korrumpierende Macht der Sünde im menschlichen Leben zur Geltung bringen soll"* (SiC 27f).

Auch in orthodoxer Sicht wird die menschliche Freiheit kraftlos, doch kann der Heilige Geist sie gleichsam über sich hinausheben und wieder auf Gott hin ausrichten. Das kann mit Luthers Anliegen durchaus in Einklang gebracht werden, sofern das Wirken des Geistes die Ausrichtung der menschlichen Freiheit in unberechenbarer und überraschender Weise umkehrt.

Das Problem der abendländischen und vor allem der reformatorischen Theologie – die Freiheit des Menschen als eigenmächtige Verselbständigung gegen Gott – ist auf orthodoxer Seite nicht mit dem Begriff „Freiheit" verbunden. Hier geht es um einen anderen Akzent: *„In der antiken Welt wurde die Wahl- und Willensfreiheit als notwendig betrachtet, sollte moralische Verantwortlichkeit irgendeinen Sinn haben. ... Ohne Freiheit des Willens sind alle menschlichen Handlungen determiniert durch äußere Ursachen. Daher wurde der ‚freie Wille' zur grundlegenden Lehre der christlichen Kirche und der frühen Kirchenväter"* (SiC 29).

Auf orthodoxer Seite spielt der Gedanke einer Selbsterlösung der Person aus eigenem Willen gar keine Rolle. *„Niemand hat die ‚natürliche Kraft', das Heil zu erlangen, aber Gott erlaubt es den Menschen, mit der Gnade zusammenzuarbeiten, wenn sie sich auf den Weg zur Vergöttlichung begeben. Diese Gemeinschaft mit Gott meint keine Teilhabe am göttlichen Wesen, sondern an den göttlichen Eigenschaften, an den Energien, die Gott den menschlichen Wesen mitteilt"* (ebd.).

Die Differenz in der Konvergenz betrifft also abermals die Akzentsetzung: lutherische Theologie betont die Passivität im Augenblick der Befreiung des Willens zur wahren Gottesliebe, legt Wert auf den Bruch, der notwendig der Heiligung der Person vorausgeht. *„Nach der Wiedergeburt lernt freilich der Wille des Gläubigen, genährt durch Wort und Sakramente, das Gute zu begehren und zusammenzuwirken mit dem Heiligen Geist, um Heiligkeit zu erlangen"* (SiC 30).

Orthodoxe Theologie betont die Aktivität des Heiligen Geistes im Augenblick der Befreiung des Willens, legt allerdings Wert auf die Einheit und Kontinuität der Person und ihres Lebensweges. *„Die Orthodoxen denken an einen kontinuierlichen Prozeß, die Lutheraner hingegen unterscheiden den anfänglichen Akt der Rechtfertigung und Wiedergeburt vom Prozeß der Heiligung. ... Die unterschiedlichen Akzente lassen sich zurückführen auf unterschiedliche biblische Metaphern. Wenn das Heil als Gemeinschaft oder Teilhabe umschrieben wird, so ist es natürlich und unvermeidlich, von Kooperation, Willen und Liebe zu sprechen, denn darin wird die Gemeinschaft mit Gott vertieft und ge-*

stärkt. ... Wenn allerdings der stellvertretende Tod Jesu Christi die wichtigste biblische Metapher ist, der Christus ‚für uns‘, und wenn Gottes Heilshandeln unabhängig von uns stattfindet, so ist die Vorstellung einer Kooperation bei der Rechtfertigung überflüssig und irreführend" (ebd.).

Vielleicht wäre auf lutherischer Seite deutlicher zu betonen gewesen, daß die Perversion der Sünde, das egozentrische menschliche „Wie-Gott-sein-Wollen", nur durch ein Handeln Gottes überwunden werden kann, welches die menschliche Egozentrik gleichsam unterläuft, durch ein „stellvertretendes" Geschehen „für uns". Es wäre dann möglich gewesen, das geistliche Leben differenzierter zu beschreiben. Im Dokument bleibt es bei der Entgegensetzung von „innen" und „außen" – und daher auch bei einer unbefriedigend formelhaften Entgegensetzung der bloß paradox verstandenen Formel „simul iustus simul peccator" zur orthodoxen Vorstellung eines Wachstums. Mit Recht wird hervorgehoben, daß das lutherische „extra nos" die ständige und möglicherweise immer skrupulösere Selbstbeurteilung des geistlichen Lebens unterbindet. Dann aber heißt es: *„Wenn die Gnade nur außerhalb unserer selbst bleibt und nicht einen Wandel im Leben des Gläubigen herbeiführt, so kann Rechtfertigung eine Fiktion werden, die das Leben und die Erfahrung nicht substantiell berührt"* (SiC 31).

Diese – berechtigte – Anfrage der orthodoxen Seite hätte damit beantwortet werden können, daß Gottes Wort schöpferisch ist, sofern es den Glauben an Gottes Handeln in Jesus Christus „für uns" hervorbringt und in diesem Geschehen die Egozentrik als Grundstruktur der Sünde aufbricht. Hier besteht offenbar nicht nur ein Klärungsbedarf zwischen lutherischer und orthodoxer, sondern auch innerhalb der reformatorischen Theologie. An das amerikanische Gespräch wäre die Frage zu stellen, ob die Ansätze fruchtbar gemacht wurden, die im Vorfeld der „gemeinsamen Erklärung" zu erkennen sind. Wenn das Christusgeschehen in orthodoxer Sicht als kosmisches Ereignis die Verfallenheit an Sünde und Tod überwindet, wenn Christus als zweiter Adam eine neue Wirklichkeit schafft, die aus der gefallenen Welt nicht abzuleiten ist (vgl. SiC 45), so impliziert das sicherlich das Unvermögen der verfallenen menschlichen Freiheit und die ekklesiologische Dimension der Befreiung dieses Willens für Gott. Wer sich für Christus öffnet, vermag dies nicht aus eigener Kraft und nicht für sich allein. Auf diesem Hintergrund könnte lutherische Theologie das orthodoxe Votum durchaus akzeptieren: *„Der Geist der Freiheit setzt die Menschheit frei, um freiwillig das Heil in Christus zu wählen, nämlich Rechtfertigung und Vergebung der Sünden. Der Glaube reicht aus für diese Rechtfertigung. ... Der Glaube, der die Person gerecht macht, wie auch die Liebe einer Person, ist die Gabe des Heiligen Geistes Gottes, untrennbar von solchem Glauben"* (SiC 50f.).

Warum sollte diese befreite menschliche Freiheit nun noch herangezogen werden, um die Ablehnung Christi zu erklären? Ist die Abwendung der menschlichen Freiheit von Gott nicht ganz schlicht der von Gott zugelassene – zugegeben: dunkle – Hintergrund der neuen Wirklichkeit?

Aus den bislang noch tastenden Gesprächen zwischen orthodoxen und evangelischen Theologen läßt sich immerhin entnehmen, daß „Rechtfertigung" und „Vergottung" einander nicht ausschließen, sondern sich zueinander verhalten wie die Sätze: „Gott wurde Mensch, damit wir wahre Menschen würden" und „Gott wurde Mensch, damit wir vergöttlicht würden". Diese Differenz ist theologisch kein wirklicher Dissens. Allerdings werden dabei die Akzente unterschiedlich gesetzt. Die reformatorische Position betont die zunehmende Unverwechselbarkeit der Person in Christus und zugleich im Gegenüber zu Gott – auch die zunehmend individualisierte Selbst- und Sündenerkenntnis! –, die orthodoxe Position unterstreicht die Vollendung der menschlichen Existenz in der Vereinigung mit Gott, ohne aber den Abstand aufzuheben. Insofern ist es theologisch von entscheidender Bedeutung, das Geheimnis der „Synergie" von göttlicher Gnade und menschlicher Personalität – die immer auch den Willen einschließt – zu wahren.

B4 methodistisch/römisch-katholischer Dialog

Das Gespräch zwischen dem Weltrat Methodistischer Kirchen und der römisch-katholischen Kirche (1977–81; MG 253–256) stellt die theologischen Fragen der Rechtfertigungslehre in den weiteren Horizont der Lehre vom Heiligen Geist. Dabei wird deutlich, daß Erlösung und Schöpfung ineinandergreifen, weil auch Gottes erlösendes Handeln schöpferisch ist, wie umgekehrt schon die Schöpfung aus dem Wort durch den Geist Gottes lebendig bleibt.

Das durch die Trinitätslehre betonte schöpferische Ineinander von Gottes Wort und Geist verdichtet sich in der Person Jesu Christi, wie vor allem die Erzählungen von Jesu Empfängnis und Taufe zeigen, aber auch in der Stiftung der Kirche. Auf dieses Heilsgeschehen richtet sich die menschliche Urfrage: „Ich elender Mensch! Wer wird mich erretten aus diesem Todesleib?" (Röm 7,24): *„Ob sie es nun wissen oder nicht, diese Frage vieler Menschen dreht sich um die Rechtfertigung: Wie kann der Sünder einen gnädigen Gott finden? Wie kann ein sinnloses Leben Sinn erhalten?"* (§ 13).

Schon die Frage wird dem Wirken des Geistes zugeordnet: *„Der Heilige Geist ist in uns anwesend und wirksam durch die ganze Erfahrung der Bekehrung hindurch; sie beginnt damit, daß wir uns der Güte Gottes bewußt werden und uns beschämt und schuldig fühlen, geht dann in Trauer und Reue über und mündet in die Dankbarkeit für den Besitz eines neuen Lebens, das uns durch Gottes Gnade in Jesus Christus gegeben ist"* (ebd.).

Die eigentümliche Konvergenz zwischen methodistischer und römisch-katholischer Gnadenlehre zeichnet sich im Begriff „zuvorkommende Gnade" ab (s.o. A3). Daß Gottes gnädiges Handeln schon der menschlichen Frage nach Gott zuvorkommt – und bereits in der menschlichen Urfrage nach einem heilvollen Leben wirksam ist –, entspricht der intensiven Durchdringung von Schöpfung und Erlösung. Dadurch wird die für die lutherische Theologie charakteristische Erfahrung von Reue und Buße gewissermaßen entschränkt: es bedarf ja nicht erst der Konfrontation mit dem überführenden Gesetz Gottes, wenn die Erlösungsbedürftigkeit der Person zur Grunderfahrung wird. Es ist gleichwohl keine „natürliche", sondern eine geistgewirkte Gotteserkenntnis, denn der Heilige Geist ist Gott selbst, *„der im menschlichen Herzen und Willen gegenwärtig und wirksam ist"* (§ 14). Das wird noch unterstrichen durch die starke Formulierung, daß Gottes Geist uns näher ist als unser Atem und enger zu uns gehört als Hand und Fuß. Ähnlich wie in Luthers Gedanken wird die geläufige metaphorische Unterscheidung von „innen" und „außen" theologisch korrigiert, denn was uns von Gott her begegnet und von außen zukommt, bestimmt uns zuinnerst (s.o. A1). In solch einer pneumatologischen Klammer kann die methodistisch-katholische Konvergenz zur gratia praeveniens eine hochinteressante und dichte Aussage über das Verhältnis zwischen freiem Willen und göttlichem Handeln erschließen: *„Das Konzil von Trient lehrt, daß der Anfang der Rechtfertigung bei Erwachsenen durch die zuvorkommende Gnade des Herrn geschieht; sie bewegt uns zur Umkehr und befähigt uns, aus freier Entscheidung der Inspiration Gottes zu folgen, der unser Herz anrührt mit dem Licht des Heiligen Geistes"* (§ 14).

Die freie Entscheidung wird auf dem Hintergrund der methodistischen Akzente abgegrenzt von einem neutralen menschlichen Willen, der sich der Gnade gegenüber „so oder so" verhalten könnte. Die Formulierungen spielen eher an die Austreibung der Ungeister an, die die Person gänzlich in Beschlag genommen haben, denn im Werk des Heiligen Geistes *„wird die tragische Bosheit der Sünde geheilt; so wird das entstellte Selbst des Menschen gestaltet, neugestaltet und zu seiner Erfüllung gebracht, ... der gelähmte Wille wird erneuert; der von den Götzen des Stolzes, der Habsucht und der Gier verwirrte Verstand wird befreit"* (§ 15).

Betont wird in diesem Kontext die Versöhnung als Vereinigung mit Christus, dessen Gerechtigkeit uns angerechnet wird und eben darin unser Leben gerecht macht: *„dies ist die Rechtfertigung: um Christi willen als gerecht angesehen und behandelt und zugleich auch auf den Weg zu einem Leben in Gerechtigkeit gestellt zu werden. All dies geschieht durch die Initiative der erlösenden Gnade des Vaters, die sich in der versöhnenden Gnade des Sohnes durch das Wirken des Heiligen Geistes in unseren Herzen offenbart"* (ebd.).

Die charakteristisch römisch-katholische Formulierung „Initiative" wird demnach nicht durch eine menschliche „Antwort" ergänzt, sondern trinitarisch erweitert. Die Person wird umgriffen und durchdrungen von Gottes Handeln, der Anfang im Christusgeschehen findet seine Fortsetzung und Vertiefung in der einzelnen Person. Dabei kommt es wieder auf die wechselseitige Durchdringung von „außen" und „innen" an. Durch das Versöhnungswerk Christi stellt Gott die rechte Gottesbeziehung des Sünders wieder her, durch die Ausrichtung auf Christus entsteht ein rechtes Verhältnis, wird Gerechtigkeit geschaffen. Zugespitzt könnte man sagen: wo ich meine innerste personale Wirklichkeit nicht mehr in mir, sondern in Christus finde, bin ich befreit von meinem auf mich selbst fixierten Leben. Diese Hinführung zu Christus ist aber „das Amt des Heiligen Geistes" (ebd.).

Die Konzentration auf das Wirken des Geistes führt zur Durchdringung von „forensischen" und „effektiven" Aspekten im Rechtfertigungsgeschehen. Die Befreiung von der Selbstbezogenheit richtet die Person ganz selbstverständlich auf die liebevolle Begegnung mit anderen Personen aus. Diese ekklesiologische Dimension findet eine – charakteristisch methodistische – Zuspitzung im Verkündigungsgeschehen, wo effektive und forensische Komponente dynamisch ineinandergreifen: *„Der Heilige Geist wirkt die Vergebung der Sünden, weil es seine Aufgabe ist, uns ... alles zum Heile Notwendige zu lehren und uns an alles zu erinnern, was Jesus gesagt hat (Joh 14,26). Weil er der Geist der Wahrheit ist, legt er Zeugnis für Jesus ab und befähigt uns, auch unsererseits Zeugen zu sein (15,26-27). ... Er offenbart uns die Sohnschaft Jesu und den Sinn seiner Sendung, und eben dadurch zeigt uns der Heilige Geist das Unrecht der grundlegenden Sünde: nicht an Jesus zu glauben (Joh 16,8-11)"* (§ 17).

Das Gericht über die Sünde als Zuspruch der Rechtfertigung des Sünders setzt bereits die geisterfüllte Verkündigung und insofern die Gegenwart des Geistes in den wiedergeborenen Christen voraus. Dieser Gedanke findet sich schon bei Luther (s.o. A1): der Zuspruch der fremden Gerechtigkeit Christi macht die Person ihrerseits „christusförmig" – und zwar niemals im Sinne einer „Eigenschaft", sondern stets für andere. Die Gegenwart des Geistes im Zeugnis macht es erforderlich, die beiden Aspekte des Rechtfertigungsgeschehens engstens zu verbinden. *„Rechtfertigung ist nicht eine isolierte forensische Episode, sondern Teil eines Vorganges, der seine Erfüllung findet in Wiedergeburt und Heiligung, d.h. in der Teilnahme des menschlichen Lebens am Göttlichen"* (§ 13).

Der Prozeß der Heiligung richtet sich – auch hier konvergieren methodistische und römisch-katholische Grundaussagen – auf eine Verwandlung des menschlichen Lebens durch die vom Geist Gottes gewirkte Liebe. Der methodistische Akzent in der Konvergenz lautet sogar: *„Heiligung ist ein Prozeß, der uns zu vollkommener Liebe führt"* (§ 18).

B5 anglikanisch/römisch-katholischer Dialog

Weil die anglikanische Theologie reformatorische Positionen vertritt, kommt der gemeinsamen Erklärung der Zweiten Anglikanisch/ Römisch-katholischen Kommission (ARCIC II [1987]; MG 258-277) besondere Bedeutung zu. Unter dem Titel „Das Heil und die Kirche" wurden die Grundprobleme der Rechtfertigungslehre in ähnlicher Tiefe diskutiert wie in den evangelisch/römisch-katholischen Gesprächen. Der Titel betont allerdings, daß die ekklesiologische Dimension der Gemeinschaft der Gläubigen hier stärker ins Spiel gebracht wird. Das betrifft nicht nur die Rolle der Kirche im Heilsgeschehen, sondern auch die ökumenischen Aspekte der Rechtfertigungslehre: *„Wie können wir die frohe Botschaft von einem Gott, der uns annimmt, recht bezeugen, wenn wir selbst einander nicht annehmen können"* (MG 259)?

Die Einleitung faßt zunächst den christologischen und ekklesiologischen Konsens zusammen: *„Durch das Leben, den Tod und die Auferstehung Christi ist das Geheimnis der Liebe Gottes offenbart, sind wir von den Mächten des Bösen, der Sünde und des Todes errettet und empfangen Anteil am Leben Gottes. All das ist reines, unverdientes Geschenk"* (§ 1).

Dieses Geschenk durchdringt die einzelnen Personen und fügt sie zu einer Gemeinschaft zusammen: *„Der Geist vereinigt uns mit Christus, und, in Christus, mit allen, die durch den Glauben eins mit ihm sind. Durch die Taufe sind wir mit Christus in seinem Tod und seiner Auferstehung vereinigt, werden wir durch die Kraft des Heiligen Geistes zu Gliedern* eines *Leibes und haben wir zusammen Anteil am Leben Gottes"* (ebd.).

Kontrovers ist auf diesem Hintergrund die Frage, wie die gnadenhafte Vereinigung der Person mit Christus und mit den anderen Kindern Gottes genau zu beschreiben sei. Natürlich wird einerseits die exklusive Gnade Gottes betont, der aber andererseits eine echte Antwort des Menschen korrespondiert, und zwar nicht nur individuell, sondern auch in der Gemeinschaft des Glaubens. *„Die Schwierigkeiten entstanden dort, wo man erklärte, wie die göttliche Gnade sich zur menschlichen Antwort verhielt, und diese Schwierigkeiten waren durch einen Diskussionsrahmen mitbedingt, der zu einseitig sich auf den einzelnen konzentrierte"* (§ 3).

Die Probleme konzentrieren sich in vier Aspekten des

Heilsgeschehens: (1) Der Glaube schließt in reformatorischer Perspektive die Heilsgewißheit ein, weil er sich ganz und gar auf Gott verläßt. Das Werk Christi ist entscheidend, das Urteil über ein entsprechendes menschliches Handeln darf diese Vollgenügsamkeit des Handelns Gottes in Christus nicht nachträglich relativieren. Das kann aber auch mißverstanden werden: entweder als falsche Sicherheit, die die Heiligung des Lebens im Glauben vernachlässigt – oder als Anlaß zur beständigen Erforschung des eigenen subjektiven Glaubens, die letztlich Vertrauen und Hoffnung auf Gott in Gewissensangst oder Gesetzlichkeit untergräbt (§ 4).

(2) Die Rechtfertigung des gottlosen Menschen wird auf evangelischer Seite primär als Zurechnung der Gerechtigkeit Christi aufgefaßt. Das kann als rechtliche Fiktion mißverstanden werden. Es bleibt dann die Sünde des Menschen unverändert. Muß nicht Gottes Geist die menschliche Person auch innerlich verwandeln? Allerdings schließen beide Aspekte einander nicht aus: *„Anglikanische Theologen des 16. und 17. Jahrhunderts sahen zugerechnete und mitgeteilte Gerechtigkeit als dem Denken nach unterschieden, aber in Gottesdienst und Leben untrennbar"* (§ 5).

Wir stoßen auch hier wieder auf die Grundunterscheidung von forensischer und effektiver Rechtfertigung, von Gnade als Relation Gottes zur Person und der Gnadengabe als Wurzel allen gerechten Handelns (s.o. A1 zu Luthers Unterscheidung von gratia und donum). Damit hängt natürlich (3) die Einschätzung der guten Werke zusammen. Werden wir vor Gott gerecht allein um des Verdienstes Christi willen, so können unsere Werke dabei keine Rolle spielen. Deshalb sind sie aber keineswegs einfach belanglos, vielmehr versteht anglikanische Theologie sie *„als notwendigen Erweis des Glaubens und den Glauben selbst als untrennbar von Hoffnung und Liebe"* (§ 6).

Welche Bedeutung kommt nun (4) der Kirche zu? Auf der anglikanischen Seite bleibt der Verdacht, die Kirche stelle sich über die Schrift und verdränge womöglich – durch die Betonung ihrer notwendigen Funktion bei der Vermittlung des Heils – Christus als einzigen Mittler zwischen Gott und Mensch. Umgekehrt können die Katholiken der reformatorischen Theologie die Abwertung von Amt und Sakramenten vorwerfen, die doch göttlich gestiftete Mittel der Gnade sind (§ 7).

Der Dialog vertieft diese vier Problemfelder der Reihe nach: Das Heil und der Glaube (ad 1) hängen engstens ineinander, weil die *„gänzlich unverdiente Liebe Gottes zu seinen Geschöpfen"* nicht nur das Christusgeschehen umfaßt, *„sondern auch Gottes fortwährendes Wirken für uns".* *„Unsere Sünden werden vergeben, wir werden in die Lage versetzt, auf Gottes Liebe zu antworten, und werden dem Bilde Christi gleichgestaltet. Die menschliche Antwort auf Gottes Initiative ist selbst ein Geschenk der Gnade und ist doch zugleich eine wahrhaft menschliche, persönliche Antwort"* (§ 9).

Das wird am Ende der Erörterung des dritten Problemfeldes noch einmal unmißverständlich betont: *„Selbst die allerersten Regungen, die zur Rechtfertigung führen, wie Reue, die Sehnsucht nach Vergebung und auch der Glaube selbst, sind Werke Gottes, indem er unsere Herzen durch die Erleuchtung des Heiligen Geistes anrührt"* (§ 24).

Das Heil kommt als Geschenk der Gnade im Glauben ans Ziel. Dabei umgreift das Handeln Gottes auch die Antwort der Person, nämlich den Glauben, der als Vertrauen auf Gott die ganze Person durchdringt, also niemals bloß Zustimmung zur Wahrheit des Evangeliums sein kann, sondern immer auch *„die Hingabe unseres Willens an Gott in Buße und Gehorsam gegenüber seiner Berufung umfaßt"* (§ 10). Die Gewißheit des Glaubens ist daher nie zu verwechseln mit einem anmaßenden Pochen auf die eigene Standhaftigkeit, zumal das Leben der Gläubigen von Sünde nicht frei sein kann.

Interessant ist der Zugang zum zweiten Problemfeld, dem Zusammenhang zwischen Heil und Rechtfertigung (ad 2). Soll das Heil in seiner ganzen Fülle beschrieben werden, so müssen die vielen Facetten des neutestamentlichen Zeugnisses berücksichtigt werden. Dabei zeigt sich: *„Einige Begriffe sind von grundlegenderer Bedeutung als andere; aber einen übergeordneten Begriff oder eine alles bestimmende Vorstellung gibt es nicht; sie ergänzen einander"* (§ 13).

Immerhin läßt sich eine nicht reduzierbare doppelte Akzentuierung nachweisen, weil der Aspekt der Befreiung von der Knechtschaft der Sünde immer als Kehrseite einer rechten Beziehung zu Gott zur Sprache kommt. So greifen Rechtfertigung und Heiligung, Versöhnung und neue Schöpfung ineinander. Die theologische Terminologie kann aber hier in die Irre führen: *„Die reformatorischen Theologen neigten dazu, dem*

124

*vorherrschenden Sprachgebrauch des Neuen Testaments zu folgen,
in dem das Verb ,dikaioun' gewöhnlich ,gerechterklären' bedeutet.
Die katholischen Theologen und besonders das Konzil von Trient
neigten dazu, dem Sprachgebrauch der patristischen und mittel-
alterlich lateinischen Autoren zu folgen, für die ,justificare' ... ,ge-
rechtmachen' bedeutete"* (§ 14).

Daher umfaßt die römisch-katholische Beschreibung der
Rechtfertigung auch jene Momente, die auf evangelischer
Seite zur Heiligung gehören. Diese Momente kommen in der
reformatorischen Analyse des Rechtfertigungsgeschehens noch
nicht explizit zur Geltung, so daß katholischen Theologen die
Heiligung unterbetont scheint. Umgekehrt bedroht in evangelischer Perspektive die Verknüpfung von Rechtfertigung und
Heiligung die Gnadenhaftigkeit des Heils. Der Dialog kommt
hier zu der wichtigen Einsicht, daß es sich bei der Unterscheidung von forensischer und effektiver Rechtfertigung um eine
theologisch höchst sinnvolle doppelte Betrachtungsweise handelt, die keineswegs die unterschiedenen Dimensionen ausein-
anderreißen muß: *„Wenn Gott die Aufhebung unserer Verurtei-
lung verheißt und uns vor sich einen neuen Status gibt, dann ist
diese Rechtfertigung unlösbar verbunden mit seiner gnädigen, uns
heiligenden Neuschaffung. ... Gottes Gnade bewirkt, was er sagt:
Sein schöpferisches Wort teilt mit, was es uns zurechnet. Indem er
uns als gerecht erklärt, macht Gott uns auch gerecht"* (§ 15).

Die schöpferische Macht des göttlichen Urteils wird nicht
in erster Linie in der Heiligung der einzelnen Person nachgezeichnet, vielmehr wird dieser Gedanke vertieft durch den
Hinweis auf die Sakramente. In der unwiederholbaren Taufe
und in der wiederholten Eucharistie wird das „ein für allemal"
des göttlichen Handelns in Christus verkündigt. Im Raum der
Kirche ist von Heiligung zu reden, die Gottes Gerechtigkeit
nicht nur als Urteilsspruch Gottes, sondern auch als Gabe
wirklich werden läßt: *„Wir wachsen heran zur Gleichgestaltung
mit Christus, dem vollkommenen Ebenbild Gottes, bis daß er erscheint und wir wie er sein werden"* (§ 17).

Der Hintergrund dieser Neugestaltung ist aber das göttliche
Urteil, das eben nicht verwechselt werden darf mit dem Freispruch eines menschlichen Gerichtshofs, wo das Urteil die
Person nicht verändert. Vielmehr verändert Gottes Gerechtigkeit gerade als Sündenvergebung und Versöhnung die Person
zuinnerst, stellt eine enge persönliche Beziehung her. Insofern

ist die Sündenvergebung die Wiedergeburt zu einem neuen Leben.

Der Dialog kommt hier der Grundauffassung Luthers sehr nahe, wo eine *Begegnung* mich zwar *von außen* trifft, aber eben deshalb *innerlich* betrifft (s.o. A1). Es ist außerdem interessant, daß der Gedankengang die doppelte Dimension von Rechtfertigung und Heiligung in die Klammer der Kirche und ihres sakramentalen Handelns stellt. Damit ist die Verengung auf ein je individuelles Gottesverhältnis der einzelnen Person schon unterbunden; es sind von Anfang an Begegnungen, die mich in das von Gott geschaffene Heil hineinziehen und meine persönliche Geschichte bestimmen, so daß ich gar nicht unverändert bleiben kann.

Es ist von da aus möglich, das Verhältnis zwischen Heil und guten Werken (ad 3) zu bestimmen. Da der Glaube keine rein private und innerliche Gesinnung ist, setzt er sich notwendig in Handeln um. Unsere Teilhabe an Christus im Glauben erneuert unsere Humanität. *„Indem er uns zu seiner Ebenbildlichkeit zurückbringt, verleiht Gott der gefallenen Menschheit Freiheit. Es ist nicht die natürliche Freiheit, zwischen Alternativen zu wählen, sondern die Freiheit, Gottes Willen zu tun"* (§ 19).

Diese Formulierung ist nicht zuletzt deshalb interessant, weil hier ein Licht fällt auf die Betonung der Glaubensantwort – die ja nicht von außen erzwungen, sondern frei erfolgen soll. In der evangelisch-katholischen Kontroverse bricht dabei in der Regel die scheinbare Alternative von Zwang und Willkür auf, weil die evangelische Seite betont, daß der Mensch nicht über seine Wahl zwischen Annahme und Ablehnung der Gnade verfügt, während die römisch-katholische oder auch die orthodoxe Seite Wert auf die innere Beteiligung der Person legen. Der anglikanisch/römisch-katholische Dialog gelangt über diese Scheinalternative hinaus, weil er den Begriff „Freiheit" präziser qualifiziert: wir sind nicht frei, wenn wir so oder so handeln, sondern wenn wir den Willen Gottes tun. Dann gilt: *„Wir sind es, die ganz auf menschliche Weise leben und handeln, aber nicht aus uns selbst heraus oder in selbstgenügsamer Unabhängigkeit"* (ebd.).

Auch hier zieht das Dokument die ekklesiologischen Linien aus und tastet sich dabei sogar zu den sozialethischen Implikationen vor: Die christliche Freiheit kann – fast könnte man sagen: logischerweise – nur Gestalt gewinnen in einer Form des gesellschaftlichen Lebens, *„in der der einzelne in der Beziehung mit anderen Erfüllung findet. Freiheit in Christus bedeutet also nicht ein Leben in der Vereinzelung, sondern ein Leben, das in einer Gemeinschaft gelebt wird, die bestimmt ist durch gegenseitige Verpflichtung. Leben in Christus macht uns frei von den dämonischen Kräften, die sich nicht nur in persönlichem, sondern auch in gesellschaftlichem Egoismus zeigen"* (§ 20).

Diese dämonischen Kräfte sind ernst zu nehmen – ihre Beschreibung bildet den Hintergrund für den protestantischen Vorbehalt „simul iustus simul peccator", der bei einer Erörterung guter Werke stets mitbedacht werden muß. Selbst gute Werke, die in der Kraft des Geistes getan werden, können befleckt sein von Selbstbezogenheit. So ist dafür gesorgt, daß sich auch ein christliches Leben in der Heiligung niemals der Gnade Gottes gegenüber verselbständigt. Im diesem Rahmen kann sogar auf römisch-katholischer Seite von Verdiensten gesprochen werden (vgl. B2.7.). Diese Redeweise impliziert keineswegs, *„daß Menschen, sind sie erst gerechtfertigt, sich Gott zum Schuldner machen können"* (§ 24). Es geht vielmehr um die individuelle, konkrete Gestalt der Verdienste Christi in uns.

Das Heil Gottes wird Wirklichkeit durch die Kirche (ad 4): sie ist Zeichen, Haushälterin und Instrument von Gottes Plan. Sie verkörpert zeichenhaft die Kraft der Erlösung, denn in ihr erfahren Menschen einen Vorgeschmack vom Reich Gottes. Sie hat die Aufgabe, das Evangelium jeweils angemessen zu verkündigen, also zu wahren und zu mehren, was sie von Gott her empfangen hat. Und in der Kirche wird Gottes Plan bereits Wirklichkeit. Sie ist *„ein lebendiger Ausdruck des Evangeliums ..., evangelisiert und evangelisierend, versöhnt und versöhnend, zusammengeführt und andere sammelnd"* (§ 28).

In diesem Zusammenhang wird der Gedanke einer ekklesiologischen und letztlich sozialen Dimension des Rechtfertigungsgeschehens noch deutlicher ausgesprochen: Die Menschen, die durch Gnade gerechtfertigt sind und aus dem Wort und Sakrament das Leben Christi empfangen, *„sind von Selbstbezogenheit befreit und befähigt, frei zu handeln und mit Gott und untereinander in Frieden zu leben. ... Nur eine versöhnte und versöhnende Gemeinschaft, die ihrem Herrn treu ist und in der menschliche Trennungen überwunden werden, kann mit* voller Integrität zu einer entfremdeten, zertrennten Welt sprechen und so ein glaubwürdiger Zeuge von Gottes Heilshandeln in Christus und ein Vorgeschmack des Gottesreiches sein" (§ 30).

C BILANZ UND PERSPEKTIVEN

1. Bilanz

Es ist kein Zufall, daß im letzten Teil das evangelisch/römisch-katholische Gespräch im Mittelpunkt stand. Die Rechtfertigungslehre ist in ihrer reformatorischen Ausprägung eine Provokation vor allem für die römisch-katholische Gnadenlehre. Innerhalb der reformatorischen Kirchen gibt es Interpretationsnuancen, über die man sich verständigen kann, wobei vielleicht die methodistische Version die schwierigsten Probleme birgt, und außerhalb der abendländischen Christenheit ist die Konzentration auf Probleme wie „Freiheit" und „Gerechtigkeit" keineswegs selbstverständlich. Auch die Bilanz muß daher letztlich den Ertrag der evangelisch/römisch-katholischen Dialoge in den Mittelpunkt rücken, wobei zuweilen von den „Nebenschauplätzen" fruchtbare Anregungen zu empfangen sind.

Was bereits in der teilweise recht heftigen Debatte um das Dokument „Lehrverurteilungen – kirchentrennend?" in den Vordergrund gerückt wurde und auch in unserer Analyse die Komplikationen der Darstellung verursacht hat, ist die Verwicklung der sprachlichen Ebenen. Kurz gesagt: Die Rechtfertigungslehre ist nicht nur ein Thema unter anderen theologischen Problemen. Sie bestimmt jedenfalls in der reformatorischen Sicht die Art und Weise, wie wir überhaupt von Gott reden und wie wir solches Reden von Gott dann theologisch klären. Die Rechtfertigungslehre gehört auch in die theologische Prinzipienlehre. Nun wäre schon zu fragen, ob das so für die römisch-katholische Gnadenlehre auch gesagt werden kann. Wenn die Rechtfertigungslehre aber auf katholischer Seite nicht in die Fundamentaltheologie gehört, entsteht notwendigerweise eine asymmetrische Gesprächssituation. Das zeichnet sich ab, sobald es um das Verhältnis von Sprache und Wirklichkeit geht: Da „Rechtfertigung" in reformatorischer Sicht ein sprachliches Geschehen meint, läßt sich die „gemeinte Sache" nicht ohne weiteres von der „angemessenen Sprache" unterscheiden. Daher ist die Rechtfertigungs-"lehre" nicht einfach ein Aussagenkomplex, und daher ist ein Konsens nicht auf der Ebene von Aussagen zu erreichen. Auf diesem Hintergrund müssen viele Texte von Luther gelesen werden, der sich in großer Freiheit auf unterschiedliche, untereinander durchaus nicht vereinbare Denkmuster einlassen kann, um Gottes Handeln zur Sprache zu bringen. Auch die Bekenntnisbildung zielt darauf: Von Rechtfertigung läßt sich nur im Zuspruch des Evangeliums reden, und darin kommt die Rechtfertigung ans Ziel. Theologische Bestimmungen haben die Funktion, mögliche Verzerrungen dieses Redens auszuschließen – die übrigens zwar im 16. Jahrhundert aufgetreten, aber auch heute noch anzutreffen sind. Die theologischen Abgrenzungen bilden jedoch nicht das Rechtfertigungsgeschehen ab.

Diese Unterscheidung hat eine interessante Konsequenz, denn sie ermöglicht im ökumenischen Gespräch die Offenheit gegenüber alternativen Formulierungen des heilvollen Handelns Gottes. So ist immer betont worden, daß es in den Dialogen nicht um eine vollständige Einigung auf der Ebene der Aussagen gehen müsse, sofern die „Komplementarität" der theologischen Bestimmungen zu zeigen sei. Fundamentales Beispiel wäre die Unterscheidung der „dialektisch-diskontinuierlichen" und „transformatorischen" Sichtweise auf reformatorischer bzw. römisch-katholischer Seite.

Es ist aber zu fragen, ob die vorausgesetzte Unterscheidung von Rechtfertigungsgeschehen und Rechtfertigungslehre auf katholischer Seite ähnlich gesehen wird. Liefert das Rechtfertigungsdekret von Trient nicht doch eine deskriptive „Theorie"? Besteht nicht doch der Anspruch, eine möglichst „sachnahe" Darstellung der Begegnung von Gott und Mensch zu geben? Dann kann allerdings nur einer von beiden Aussagenkomplexen zutreffen oder wenigstens „angemessener" sein als der andere. Daraus ergibt sich sogleich ein anderes Verständnis ökumenischer Gesprächsführung, denn nun kommt es darauf an, wenigstens prinzipiell die Aussagenkomplexe zu integrieren.

In diesem Falle wäre die harmonische „Komplementarität" von eher „dialektischen" und eher „transformatorischen" Formeln eine sympathische Täuschung. Es werden nämlich Birnen und Äpfel verglichen: Im einen Fall begegnet die „Sache" gar nicht anders als sprachlich und kann auf der Ebene der Aussagen nur umrissen werden. Sie begegnet aber als *geheimnisvolles* Geschehen, als Begegnung Gottes mit der menschlichen Person, was sich auf der Ebene theologischer Aussagen in seltsamen, logisch inkonsistenten oder zumindest spannungsvollen Denkfiguren abzeichnet. Im andern Fall ist die „Sache" zwar nicht ohne Sprache, aber nicht ein sprachliches Geschehen, sondern ein Erkenntnis- und Bildungsprozeß, der gewissermaßen als Lernprogramm darzustellen ist, also angewiesen auf eine *schrittweise nachvollziehbare Reihenfolge. „Wir glauben nicht an Formeln, sondern an die Wirklichkeiten, die diese ausdrücken und die der Glaube uns zu ‚berühren' erlaubt. ... Doch wir nähern uns diesen Wirklichkeiten mit Hilfe der Glaubensformeln. Diese ermöglichen, den Glauben auszudrücken und weiterzugeben, ihn in Gemeinschaft zu feiern, ihn uns anzueignen und immer mehr aus ihm zu leben"* (KKK 170). Es dürfte klar sein, daß hier eine theoretische Vermittlung unmöglich ist. Es geht ja gerade um eine allmähliche „Annäherung" der menschlichen Person an die Gerechtigkeit Gottes, und dazu gehört auch die stetig perfektionierte Artikulation der „Glaubenswahrheit". Wenn es also keine übergreifende Theorie gibt – wie kann dann eine Einheit erreicht werden?

Die „Gemeinsame Erklärung" zeigt, daß das Zusammenspiel unterschiedlich ablaufen kann, wie eine Schachpartie. Sie kann *sowohl evangelisch als auch römisch-katholisch* gelesen werden. Demnach muß der Konsens jeweils aus einer der beiden Perspektiven aufgefaßt werden. Nun gilt das vielleicht für alle ökumenischen Dialoge. Es wurde aber soeben angedeutet, daß die Sachlage bei der Rechtfertigungslehre verwickelter ist, weil es auch um Prinzipienfragen der Theologie geht. Die reformatorische Rechtfertigungslehre erschließt den Dialog, weil sie einschärft, daß Gottes Handeln an uns durch unser Handeln niemals erreicht, aber sehr wohl verfehlt werden kann. Das gilt ebenso für unser Reden vom rechtfertigenden Handeln Gottes. Diese *prinzipielle Differenz von Rechtfertigungsgeschehen und Rechtfertigungslehre* betrifft alle Aussagen über eine mögliche Vereinbarkeit scheinbar widersprüchlicher dogmatischer Bestimmungen. Es ist aus evangelischer Sicht ohnehin nur in „dialektischen" Wendungen von Gottes Handeln an der menschlichen Person zu reden – warum nicht in einer Dialektik, die neben der ekstatisch in Christus gegründeten Person sogleich die antwortende, die verantwortliche Person zur Sprache und letztlich den einen im jeweils anderen Aspekt zur Geltung bringt? Die evangelische Lesart der „Gemeinsamen Erklärung" müßte dann die Struktur der einzelnen Abschnitte in einem dialektischen Sinne lesen, denn die antwortende Person steht als solche immer wieder in Gefahr, sich von Gott abzukehren. Das Gegenüber von lutherischen und katholischen Präzisierungen wäre freilich dann so auszulegen, daß die katholischen Sätze jeweils auf die Zweideutigkeit des christlichen Lebens hin zu vertiefen sind.

Es ist natürlich zu bezweifeln, daß das auf katholischer Seite akzeptiert wird. So bleibt nach wie vor offen, wie der Spielverlauf in römisch-katholischer Perspektive interpretiert wird. Es wäre etwa zu bedenken, welche konstruktive Rolle innerhalb einer katholischen Gnadenlehre die dialektischen Zuspitzungen der reformatorischen Theologie spielen. Wie abgründig kann die Zweideutigkeit des menschlichen Handelns im Rahmen der Gnadenlehre werden? Ist das Wort der Absolution ein Zuspruch, der die Person über einen Abgrund trägt bzw. aus einem Abgrund rettet – oder markiert es lediglich die Gelegenheit zur Kurskorrektur? Es gibt in der „Gemeinsamen Erklärung" keine Stelle, wo diese Fragen wirklich klar beantwortet würden.

Es ist andererseits aber gegen die schroffe Kritik auf evangelischer Seite zu betonen, daß die evangelisch-katholischen Gespräche jedenfalls eines gezeigt haben: Auch wer die steilen Thesen der Reformatoren teilt, muß Rechenschaft darüber geben können, wie sie in die menschliche Erfahrung eingreifen. Selbst wenn sie die menschliche Erfahrung irritieren und provozieren – wenn also die plausiblen Grundannahmen des „gesunden Menschenverstandes" als Kriterium nicht in Frage kommen, weil es keinen sündlosen, neutralen Erfahrungsbereich gibt –, muß doch diese Provokation deutlich und die Irritation fruchtbar gemacht werden. So ist etwa die Kritik des Göttinger Gutachtens am Dokument „Lehrverurteilungen – kirchentrennend?" berechtigt, wonach die Passivität des Menschen im Rechtfertigungsgeschehen darauf hinausläuft, daß die Person erst von Gott geschaffen wird, so daß hier keine Antwort eines Gegenübers von Person zu Person möglich ist (vgl. ÜV 41f). Nun kritisiert das Gutachten kurz zuvor die quantitative Fassung der Sünde als bloßer Konkupiszenz im Getauften mit der Bemerkung, im Getauften sei die Sünde ebenso gottwidrig wie zuvor. *„Doch weil sie vergeben, der Sünder zugleich gerecht, in Christus von Gott angenommen ist, wird er nicht verdammt"* (ÜV 41). Wie hängen aber radikale Neuschöpfung und Sünde als Gottwidrigkeit im Getauften zusammen? Natürlich kommt es genau auf diese Dialektik an, auf ein ganz „forensisches" Rechtfertigungsgeschehen, das eben deshalb unüberbietbar „effektiv" ist. Doch die scharfe Widersprüchlichkeit wird erzwungen durch das spannungsvolle Wort Gottes in Gesetz und Evangelium, und eine solche Spannung muß in der Konfrontation mit menschlichen Erfahrungen – auch gegen den „gesunden" Menschenverstand – zum Leuchten kommen. Dazu bedarf es der differenzierten Entfaltung bis in die unverwechselbare Lebensgeschichte hinein (etwa im Seelsorgegespräch).

Daß dabei die Gefahr besteht, die Neubegründung der Person durch und vor Gott, die mit einem Schlag geschaffen wird, zu verdrängen durch eine prozeßhafte Darstellung der Heiligung, wo durch einen gegliederten und gestuften Prozeß die Gnade letztlich doch als Qualität der Seele beschrieben wird – das ist natürlich ein Risiko, das sich innerhalb einer Theorie der Frömmigkeit kaum vermeiden läßt. Die Auskunft, allein im Glauben liege die Einheit von forensischer und effektiver, äußerer und innerer Dimension des Rechtfertigungsgeschehens (vgl. ÜV 43f), ist jedoch so korrekt wie formelhaft, wenn es um Fragen des gelebten und gestalteten Glaubens geht. Wie kann die Gestalt des Glaubens beschrieben werden, ohne die Klarheit und Tiefe der reformatorischen Grundaussagen aufs Spiel zu setzen? Dazu leisten die Dialoge insofern eine Hilfestellung, als sie die Verengung auf das Individuum und seinen Freispruch vor Gott aufbrechen und zumindest die weiteren theologischen Zusammenhänge anmahnen, in denen die Rechtfertigungslehre zu artikulieren ist.

Größer sind die Probleme mit der historisierenden Tendenz des Dokuments „Lehrverurteilungen – kirchentrennend?" Hier läßt sich die Frage nicht abweisen, ob die Konflikte um die „Sache" nicht trotz des Abstandes zur Theologie des 16. Jahrhunderts unvermindert aktuell sind. Vor allem ist es naiv, auf neue Einsichten zum historisch-kritisch interpretierten biblischen Zeugnis zu verweisen. Denn die historisch-kritische Auslegungsmethode ist bestenfalls theologisch neutral. Sobald es aber um hermeneutische Fragen nach der Bedeutung dieser Texte für uns geht, kommt wieder eine Asymmetrie ins Spiel, weil die Rolle der Schrift in der reformatorischen Theologie eine andere ist als im Gegenüber zur Tradition der römisch-katholischen Kirche. In der Perspektive evangelischer Theologie muß das biblische Zeugnis als lebendiges Wort zur Geltung kommen, was durch historische Auslegung noch nicht geleistet ist. Das zeigt sich darin, daß der Grundunterschied zwischen „dialektisch" und „transformatorisch" nicht durch Rückgriff auf biblische Einsichten zu relativieren ist, weil gerade die biblischen Passagen diffizil und zutiefst widersprüchlich sind! Der Rückgriff auf Augustinus bringt ebensowenig, weil Augustinus eben diese Diffizilität im biblischen Zeugnis spürt und entsprechend verästelt argumentiert (vgl. die Einleitung). Es kommt letztlich also auf die systematisch-theologische Durchdringung an: Was bedeutet denn für uns die Rechtfertigungslehre? Es geht also um die „Sache", zumindest um so etwas wie „Sachkritik", die nicht aufgegeben werden darf zugunsten der Anerkennung unterschiedlicher Traditionen. Gerade dann gewinnt faktisch die katholische Perspektive methodologischen Vorrang, weil die Tradition gegebenenfalls über die Schrift zu stellen ist (vgl. ÜV 16). Daß ein Rekurs auf die „Sache" nicht einfach ist, wurde allerdings schon angesprochen.

Es ist demgegenüber ein Fortschritt, wenn die „Gemeinsame Erklärung" die Komplementarität offenhält. Als theologische Denkleistung verdient das Dokument Respekt. Als Konsensformulierung ist es freilich zu offen für Deutungen, die sich zumindest von der reformatorischen Rechtfertigungslehre wieder entfernen. Denn hier bleibt nicht zuletzt deshalb ein ungelöster Rest, weil die interessante Struktur der „Gemeinsamen Erklärung" zwar die Komplementarität nachzeichnet, aber – wie oben schon angedeutet – in beiden Richtungen gelesen werden kann: Im Hauptteil (GE §§ 19-39) folgen einer gemeinsamen Feststellung jeweils eine charakteristisch lutherische, dann eine eigentümlich römisch-katholische Präzisierung (oder umgekehrt). Es ist aber in vielen Fällen immer noch zu fragen, wie diese Sätze sich genau zueinander verhalten. Welche Unklarheiten hier entstehen, wird noch einmal kurz zu skizzieren sein. Zuvor darf eine bedenkliche Korrektur der Endfassung des Dokuments nicht unerwähnt bleiben:

Es muß nämlich zu denken geben, daß in der endgültigen Fassung vom 18. Februar 1997 eine Passage zu finden ist, die das erwähnte Problem der metatheologischen Funktion der Rechtfertigungslehre wieder einschränkt und auf den Stand des USA-Dialogs von 1983 zurückfällt. Im Entwurf vom Juni 1996 hieß es in § 18, die Lehre von der Rechtfertigung sei *„nicht nur ein Teilstück der christlichen Glaubenslehre. Sie will als Kriterium die gesamte Lehre und Praxis unserer Kirchen unablässig auf Christus hin orientieren."*

Dieser Satz wird in der endgültigen Fassung ergänzt: *„Wenn Lutheraner die einzigartige Bedeutung dieses Kriteriums betonen, verneinen sie nicht den Zusammenhang und die Bedeutung aller Glaubenswahrheiten. Wenn Katholiken sich von mehreren Kriterien in die Pflicht genommen sehen, verneinen sie nicht die besondere Funktion der Rechtfertigungsbotschaft."* Dabei stellt sich die doppelte Frage, was (a) auf evangelischer Seite mit dem Begriff „Glaubenswahrheiten" gemeint sein mag und (b) welche anderen Kriterien auf katholischer Seite noch neben die Rechtfertigungslehre treten sollen.

(a) Es dürfte deutlich geworden sein, daß mit „Rechtfertigung" das Handeln Gottes an der menschlichen Person gemeint ist. Die Rechtfertigungslehre bezieht sich auf dieses Handeln – was kann aber darüber hinaus noch von Gott und Mensch gesagt werden? Sogar eine Lehre von der Dreieinigkeit Gottes muß streng auf die Geschichte – vielleicht gar: auf die Geschichten – Gottes mit den Menschen bezogen bleiben, soll sie nicht spekulativ werden. Das anglikanisch/römisch-katholische und methodistisch/römisch-katholische Gespräch hat in der Tat gezeigt, wie eng die Trinitäts- mit der Rechtfertigungslehre verflochten ist (s.o. B4 und B5). Insofern wäre zu sagen, daß die Rechtfertigungslehre den Zusammenhang des Redens von Gott grundlegend bestimmt. Verdächtig ist die Formulierung „Glaubenswahrheiten", sofern hier wieder die unverzichtbare Funktion von dogmatischen Aussagen mit einer Beschreibung von sprachunabhängigen Sachverhalten verwechselt wird.

(b) Auf katholischer Seite werden „andere" Kriterien ins Feld geführt. Es bleibt hier noch offen, wie sich eine solche Andeutung zu dem Umstand verhält, daß nach GE § 43 prin-

zipielle Fragen, genauer: Fragen der theologischen Prinzipienlehre noch offen sind: *„sie betreffen unter anderem das Verhältnis von Wort Gottes und kirchlicher Lehre, sowie die Lehre von
der Kirche, von der Autorität in ihr, von ihrer Einheit, vom Amt
und von den Sakramenten, schließlich von der Beziehung zwischen Rechtfertigung und Sozialethik."* Es wird sehr aufmerksam
darauf zu achten sein, ob die in der „Gemeinsamen Erklärung" beanspruchte Übereinstimmung sich in zukünftigen
Diskussionen vor allem über Fragen der Ekklesiologie wirklich
auswirkt. Der dazu bereits vorgelegte Versuch in „Kirche und
Rechtfertigung" stimmt eher skeptisch. Ein besonders ekla-
tantes Beispiel: Die katholische Seite antwortet auf die Frage,
wie von der Rechtfertigungslehre her der Satz „ohne die Kirche kein Heil" kritisch zu interprieren wäre, mit dem Rekurs
auf das Zweite Vatikanische Konzil. Dort wird zwar auf den
ersten Blick ein exklusiver Anspruch der katholischen Kirche
gemildert, aber in keiner Weise in Frage gestellt. Es ist lediglich von Elementen der Heiligung und der Wahrheit „außerhalb des Gefüges der katholischen Kirche" die Rede. Zwar
werden die nichtkatholischen Kirchen und Gemeinschaften
vom Geist Christi als Mittel des Heils gebraucht, aber dieses
Zugeständnis rückt sogleich in ein seltsames Licht: *„Darüber
hinaus sagt das Konzil in bezug auf die Nichtchristen, daß Gottes
Heilswirken sichtbar und verborgen zugleich bei denen am Werke
ist, die das Evangelium noch nicht empfangen haben"* (KR §
201). Sollte dieser schlichte Rückgriff auf das Konzil – und
noch dazu auf eine in evangelischer Sicht nicht akzeptable Ar-
gumentationsfigur – das Ergebnis einer Selbstkritik der katholischen Ekklesiologie im Lichte der Rechtfertigungslehre und
im Dialog mit lutherischer Theologie sein?

Zumindest die Frage nach der kirchlichen Lehre und der
Autorität in der Kirche hält eine Möglichkeit offen, die Rechtfertigungslehre letztlich wieder auf ein „Lehrstück" unter anderen zu reduzieren. Die Aufzählung in GE § 43 kann so verstanden werden, als sei mit dem „Wort Gottes" eine Größe
unter anderen gemeint. Das würde dem oben angedeuteten
Verständnis der Rechtfertigungslehre widersprechen. Wir
müssen sogar nach wie vor die Kritik an den „Lehrverurteilungen" ins Feld führen. Es wurde mehrfach darauf hingewie-
sen, daß die Situation nicht symmetrisch ist: Zwar gibt es in
den Lutherischen Bekenntnisschriften Verwerfungssätze, sie

bleiben aber vereinzelt und richten sich nur gelegentlich gegen die römisch-katholische Gnadenlehre. Vor allem setzen sie voraus, daß das Reden von Gottes Handeln am Menschen eine eigene Dynamik entwickelt – es ist ein lebendiges Wort – und nur im Bedarfsfall präzisiert wird. Dabei kommt es zu Abgrenzungen, die charakteristischerweise nicht in einen lückenlos konsistenten Zusammenhang gebracht werden können, weil sie eben das Geheimnis des göttlichen Handelns nur umschreiben, aber nicht beschreiben.

Demgegenüber erheben zumindest die lehramtlichen Texte der römisch-katholischen Kirche den Anspruch, ein möglichst feines Netz zu knüpfen, wo rechte und falsche Lehre möglichst detailliert auseinandertreten. Das *kann* zum Problem werden: Das Verfahren der katholischen Dogmatik erinnert nämlich an die Methoden der Rechtswissenschaft. Sofern die Gnadenlehre so entfaltet wird, daß eine Vielzahl von Verstößen gegen die korrekte Lehre mit Sanktionen bewehrt wird, ergibt sich eine Tendenz zur Verrechtlichung. *„Indem das Trienter Konzil seine Lehre in Verwerfungen definiert, gibt es der Wahrheit des Glaubens die Form des Rechts"* (ÜV 24).

Die zukunftsweisende Frage wäre, ob die Verfeinerungstendenzen in der Beschreibung des christlichen Lebens auf der Seite der römisch-katholischen Theologie auch anders fruchtbar zu machen sind. Sie müssen dann nicht zum Problem werden, wenn sie für die Abgründe der christlichen Existenz durchsichtig gemacht werden, indem sie etwa als Beispiele einer christlichen Lebensgeschichte gelesen oder besser noch erzählt werden.

2. Perspektiven

Wie sollen wir nun die immer noch bestehenden Unklarheiten bewerten? Den Schluß soll der Versuch bilden, diese Unklarheiten als systematisch-theologische Anfragen an eine reformatorische Rechtfertigungslehre zu lesen, die sich nicht mit dem Rückzug auf die Lehrformeln begnügt und daher die ökumenischen Alternativen zu integrieren und fruchtbar zu machen sucht. Dabei kann die Reihe der Grundfragen hilfreich sein, die schon in der Einleitung herausgearbeitet wurde und auch in der „Gemeinsamen Erklärung" zu erkennen ist:

Wir stoßen immer wieder auf (1) anthropologische Probleme, wenn wir die Rechtfertigungslehre nicht bloß bewahren, sondern auch entfalten wollen. Auch in der „Gemeinsamen Erklärung" bleibt es letztlich offen, ob hier nicht zwei unvereinbare Sichtweisen des menschlichen Wesens aufeinandertreffen, ob die anthropologischen Theorien hinter dem Rechtfertigungsdekret von Trient und der reformatorischen Lehre wirklich vereinbar sind:

(a) Freiheit

Es ist ein Fortschritt, wenn in GE § 20 hervorgehoben wird, daß es katholischer Gnadenlehre auf die personale Zustimmung des Menschen ankomme, die aber „selbst eine Wirkung der Gnade" sei. Es bleiben dann immer noch zwei Möglichkeiten: Entweder hat die menschliche Freiheit die Gelegenheit, sich für Christus zu entscheiden. Die Gnade wäre dann causa efficiens, ein notwendiger Impuls der Zustimmung – oder: Die menschliche Freiheit wird von der Gnade umgestaltet, schärfer noch: von der gottwidrigen Richtung, die sie nur zu freiwillig verfolgt, abgekehrt. Sie kann nun gar nicht mehr anders wollen. Die Gnade wäre demnach eher causa formalis der Rechtfertigung, das Rechtfertigungsgeschehen wäre nichts anderes als die Aufnahme der Person in das gnädige Handeln Gottes.

Nur im zweiten Fall lassen sich die steilen biblischen Aussagen nachvollziehen, die Rechtfertigung als schöpferisches Handeln Gottes am Menschen umschreiben. Andernfalls geht es tendenziell immer nur um eine Reinigung der in ihre Schuld verstrickten voluntas, die aber letzte Instanz der menschlichen Wirklichkeit bleibt bzw. zu bleiben droht. Das Freiheitsproblem ist so nicht gelöst. Schon hier wäre interessant, ob die katholische Seite auch die lutherische Präzisierung aufnehmen will oder nicht, ob sie den Satz mitsprechen will, daß der Mensch seine Freiheit immer nur in der freiwilligen Abkehr von Gott betätigt.

Der ökumenische Beitrag liegt darin, daß die fast schon zwanghafte Fixierung der evangelisch/katholischen Kontroverse auf die Freiheit als höchste Instanz relativiert werden kann. Es geht ja nicht um die Leugnung von Entscheidungen – schon Luther hat betont, daß wir im weltlichen Bereich Ent-

scheidungen treffen, wenn wir auch diesen Bereich nicht über-
schätzen sollten –, sondern um die Einsicht, daß unsere Ent-
scheidungen keineswegs „zentriert" sind, vielmehr übervernünftigen Mächten ausgeliefert sind, also dämonischer Verzerrung unterliegen (so die Einsicht im anglikanisch /römisch-katholischen, aber auch im methodistisch/römisch-katholischen Dialog), wo sie nicht durch den Geist Gottes gestaltet werden. In diese Richtung weist auch die orthodoxe Darstellung des Heilsgeschehens als geradezu physische Dynamik. Wenn aber Entscheidungen nicht „zentriert" sind, hat es auch keinen Sinn, die Zentralität zum Kennzeichen der Person zu machen.

Aus der Rechtfertigungslehre folgt dann eine differenzier-
tere theologische Behandlung des Begriffs „Freiheit". Von Freiheit ist sehr wohl die Rede, nicht aber im Sinne einer anthropologischen Konstante, sondern vor allem von einem Befreiungsgeschehen her. *Freiheit ist uns unverfügbar.* Wir müssen lernen, Freiheit zu begreifen als Geschenk, Freiheit von Befreiung her zu verstehen und nicht umgekehrt. Wir müssen wohl auch sensibler dafür werden, daß Freiheit verspielt wird, wo sie verfügbar gemacht und eingeordnet werden soll. Erstaunlicherweise läßt sich die Anregung der anglikanischen Theologie, daß wir frei sind, wenn wir den Willen Gottes tun, kaum an anderen Stellen wieder auffinden, obwohl es sich hier um eine wichtige Vertiefung der Semantik von „frei" handelt. Das Verhältnis menschlicher Freiheit zum Handeln Gottes ist ein Geheimnis.

(b) Neuschöpfung

Es ist ein Fortschritt, wenn in GE §§ 25-27 präzise das reformatorische Glaubensverständnis vom katholischen Gnadenbegriff und seiner Entfaltung in Glaube, Liebe und Hoffnung abgesetzt wird. Dabei zeichnet sich eine wichtige Einsicht ab: Das reformatorische sola fide umfaßt das schöpferische Wirken Gottes, denn Gott allein bringt das Vertrauen hervor und durchdringt so die ganze Person. *„Aus der Liebe Gottes, die dem Menschen in der Rechtfertigung geschenkt wird, erwächst die Erneuerung des Lebens. Rechtfertigung und Erneuerung sind durch den im Glauben gegenwärtigen Christus verbunden"* (GE § 26). Die katholische Seite sieht umgekehrt die Notwendigkeit, ihre Phänomenologie der Erneuerung streng

139

zu beziehen auf das neu erschlossene Verhältnis des Menschen zu Gott, das *„stets vom heilsschöpferischen Wirken des gnädigen Gottes abhängig"* bleibt (GE § 27).

Hier zeichnet sich ein Spielraum für den ökumenischen Dialog ab, der gleichsam das ekstatische und das responsorische Element, die in Christus gegründete und darin verantwortliche Person immer wieder aufs neue aufeinander beziehen muß, ohne jemals eine endgültige Verhältnisbestimmung geben zu müssen. Das ist freilich auch eine Anfrage an die römisch-katholische Theologie. Es bleibt aus reformatorischer Sicht bei der Unumkehrbarkeit von ekstatischer und responsorischer Dimension der Person. Es hat sich ja gezeigt, daß die in Christus gegründete Existenz gerade vom Wort her, in der Begegnung Gottes mit dem sprachfähigen Menschen zustandekommt, aber eben wesentlich die eigene Aktivität unterbricht. Daß die Person in diesem Ereignis geschaffen wird, ist zwar nicht ausgeschlossen, wird aber auch nicht explizit gesagt. Daß nach lutherischem Verständnis alle Dimensionen der Personen vom schöpferischen Handeln Gottes betroffen sind (GE § 26), kann immer noch mit einem kontinuierlichen „Ich" vereint werden.

Es muß an die römisch-katholische Seite die Grundfrage gestellt werden, wie der Rekurs auf Röm 5,5 zu vermitteln ist mit dem Beharren auf einem letzten „Ich"-Kern. Wenn der Geist Gottes in mein Herz ausgegossen wird – wo soll dann eigentlich noch der Raum bleiben für eine solche Instanz? Warum ist es dann noch so wichtig, daß meine Entscheidung mich verantwortlich macht? Es muß aber an die evangelische Seite die Frage gestellt werden, wie das Wortgeschehen von Gesetz und Evangelium vor der Verflachung als Abfolge von „Zuspruch und Anspruch" geschützt werden kann, die letztlich auf eine „katholische" Sicht hinausläuft. Es kann nicht dabei bleiben, ein verengtes „forensisches" Verständnis der Vergebung in Christus zu „ergänzen" durch eine scheinbar „konkrete" Anweisung für das christliche Leben.

Hier kann die anglikanische Betonung des Heilsgeschehens als Beziehung aufschlußreich werden. Wenn nicht mehr die einzelne Person für sich von Gott geschaffen wird und vor Gott steht, sondern immer sogleich als ein Glied am Leibe Christi, so kann die unverwechselbare Identität der Person entlastet werden von der Zwangsvorstellung einer zentrierten

Persönlichkeit. Sodann lassen die Ansätze zum evangelisch /orthodoxen Gespräch die Frage aufkommen, warum die Freiheit des Menschen noch derart wichtig ist, wenn die Vereinigung des Menschen mit Gott in den Mittelpunkt rückt. Und schließlich tendiert – man möchte fast sagen: „ironischerweise" – die lutherische Betonung des „extra nos" in diesem Gespräch zuweilen wieder dazu, den Menschen einseitig responsorisch im Gegenüber zu Gott zu beschreiben. So stellt sich die Frage, ob in der Konzentration auf das Heilshandeln Gottes die Antwort des Menschen als Lob Gottes derart selbstverständlich wird, daß ihr gar kein Eigengewicht mehr zukommen kann – nur dann, aber eben dann ist die Betonung des „extra nos" bewahrt vor einer subtilen Konzentration auf das Subjekt.

Aus der Rechtfertigungslehre folgt also eine differenzierte Entfaltung des Begriffs „Person". *Meine Personalität habe ich nicht für mich.* Das läßt sich vertiefen: Zu meiner Personalität gehört vieles dazu, was ich empfangen habe. Schon mein Leben habe ich mir nicht nehmen können, desgleichen meine Begabungen. Die wichtigsten und tiefsten Begegnungen haben sich überraschend eingestellt. Gelungenes Leben entzieht sich meiner Kontrolle. Es gilt aber auch: Ich kann die Verantwortung übernehmen für etwas oder für jemanden, obwohl ich keine Entscheidung zu treffen hatte. Das ist die Pointe der von anglikanischer Seite angemahnten ekklesiologischen Vertiefung. Wir werden erfüllt von Gottes Geist, der die Kirche schafft. Es kommt darauf an, einen Begriff von „Personalität" zu gewinnen, der die Alternative von Individualismus und Kollektivismus überschreitet. Die ekklesiologische Metapher vom Leib Christi ist hier wegweisend. Die Rechtfertigungslehre weist uns an, in den extremen Formen von Egoismus und Gruppendruck Formen der Gesetzlichkeit zu erkennen.

(c) Heilsgewißheit

Es ist ein Fortschritt, daß auch die katholische Seite die Gewißheit des Heils in der wirksamen Zusage der Gnade Gottes begründet. Hier wird auch auf römisch-katholischer Seite dialektisch formuliert: *„In allem Wissen um sein eigenes Versagen darf der Glaubende dessen gewiß sein, daß Gott sein Heil will"*

(GE § 36). Es geht stets darum, daß der Glaubende von sich abzusehen befähigt wird.

Präzisierungen sind möglich im Hinblick auf die eher dialektisch oder eher quantitative Auslegung: Wird die so verstandene Heilsgewißheit zu einer Art Netz für den Drahtseilakt des Glaubens? Dann wären Heilsgewißheit in Christus und Selbsterkenntnis als Sündenerkenntnis nicht vermittelt. Der Glaube „vervollständigt" in Momenten der Unsicherheit meine Heilsgewißheit – die vielleicht aus meiner Frömmigkeit kommt? Oder läßt sich die Gewißheit in die Schwäche des eigenen Glaubenslebens so hineinsprechen, daß ich mitsamt meiner Schwäche in die Wirklichkeit Christi hineingezogen werde? Daß ich zumeist nicht weiß, ob meine Werke gottgefällig sind, wäre dann unmittelbarer Anlaß dafür, mein Handeln Gott anzuvertrauen und die gnädige Zuwendung Gottes zu erfahren, auch wo die ethische Bewertung unproblematisch erscheint.

Damit ist bereits ein anderer Gesichtspunkt berührt: die kritische Beurteilung der Werke, des aus dem Glauben fließenden Handelns. Es kommt darauf an, die Werke als Vertiefung der Gemeinschaft mit Christus (GE § 38) zu sehen und zugleich die Früchte des Glaubens in ihrer Zweideutigkeit gelten zu lassen.

In diesem Zusammenhang ist es nicht uninteressant, daß die anglikanische Theologie der biographischen Konzentration der katholischen Gnadenlehre die Metapher des Raumes gegenübergestellt hat. Gottes Handeln erschließt einen Lebensraum, den wir ausschreiten dürfen, um die Fülle dieses Handelns zu ermessen. So gewinnt unser Handeln einen spielerischen Zug, der durchaus mit der Frage nach einem Wachsen im Glauben und in der Liebe vereinbar ist.

Die Rechtfertigungslehre betrifft demnach auch unsere Zeiterfahrung. *Das Paradigma für die Erfahrung von Zeit ist die erfüllte Zeit.* Kann die geschöpfliche Zeit intensiver erfahren werden, wenn sie von einer radikalen Unterbrechung herkommt? *„Als die Zeit erfüllt war, sandte Gott seinen Sohn, geboren von einer Frau, dem Gesetz unterworfen, daß er loskaufe, die unter dem Gesetz sind, damit wir die Kindschaft erlangen"* (Gal 4,4f). Hier ist nicht davon die Rede, daß unser Gottesverhältnis noch bestimmt wird durch die alte, lineare Zeit. Doch könnte der ökumenische Dialog fruchtbar werden, weil die punktuelle reformatorische – oder besser: evangelische – Zeitvorstellung erfüllte Zeit nicht anschaulich machen kann, was freilich auch für die anderen Modelle gilt, für die linear katholische oder auch orthodoxe, aber auch methodistische Sicht. Hier zeichnet sich wirklich eine Komplementarität ab. Die radikale Unterbrechung kann nämlich nicht artikuliert werden ohne den Hintergrund der auf ein Ziel ausgerichteten Zeitlinie.

Die Struktur von Gesetz und Evangelium schreibt die unentrinnbare Vielschichtigkeit von Zeit gewissermaßen in den Glauben ein, denn das Gesetz nimmt mich gefangen, so daß ich befangen bin in der Vorstellung, mein Leben sei fortschreitend zu verwirklichen. Das Evangelium ist als Verheißung eine wirksame Zusage, die gerade durch den Verweis auf ein Geschehen in der Vergangenheit meine Zukunft qualifiziert und durch diese Zusage auch zugleich Zukunft erschließt. *„Was ich nun noch zu leben habe, lebe ich im Glauben an den Sohn Gottes, der mich geliebt und sich für mich dahingegeben hat"* (Gal 2,20). So ist mein Leben kein zwischen Geburt und Tod ausgespannter Lebensfaden mehr, sondern ein Geschenk, das ich ausleben darf.

Die Unterscheidung von Gesetz und Evangelium leitet über zu den (2) Problemen der Gnadenlehre. Die fundamentale Differenz, die auch in der „Gemeinsamen Erklärung" nicht ausgeräumt wird, betrifft die Unterscheidung der Sprachen. Reformatorische Theologie beschreibt die Gnade Gottes als sprachliche Wirklichkeit, als wirksames Wort. Hier liegt ein ökumenischer Präzisierungsbedarf. Es wird in den Dialogen nicht deutlich, daß es sich hier um eine reformatorische Spezialität handelt – zuweilen wird der Zusammenhang nicht einmal erwähnt, etwa im Gegenüber zu den Orthodoxen. Dabei ergibt sich ein Kuriosum: Im Dokument „Lehrverurteilungen" wird die Konzentration der reformatorischen Theologie auf die Bußpraxis einer Orientierung der katholischen Gnadenlehre am Ganzen des christlichen Lebens entgegengesetzt (vgl. ÜV 34). Sicherlich hat Luther viele Züge seiner Theologie des wirksamen Wortes am Paradigma des priesterlichen Absolutionswortes entwickelt, vor allem in seinen vor- und frühen reformatorischen Schriften. Das Wort Gottes als Gesetz und Evangelium wird jedoch entfaltet als entscheidender Eingriff Gottes in das menschliche Leben, so daß überhaupt Sprache hervortritt als Wirklichkeit, die das Leben retten und bewahren oder deformieren und zerstören kann. Erneut zeigt sich, daß unvermerkt ein römisch-katholisches Vorverständnis die Weichen stellen kann – daß jedenfalls die Dokumente gegen unökumenischen Mißbrauch nicht hinreichend gesichert sind.

(a) Gesetz und Evangelium

Nun ist es ein Fortschritt, daß in der „Gemeinsamen Erklärung" überhaupt ein Abschnitt zu diesem Thema formuliert wurde, der allerdings recht profillos bleibt. So läßt der Leitsatz (GE § 31) nicht recht erkennen, warum die Gebote Gottes für den Gerechtfertigten in Geltung bleiben, wenn doch Christus durch seinen Tod das Gesetz als Weg zum Heil überwunden hat. Der „dritte Gebrauch des Gesetzes" bleibt seltsam vage. Der usus theologicus wird nur als lutherische Spezialität formuliert. Um das Evangelium als Verheißung geht es nur am Rande.

Es hätte weiter führen können, wenn die Bestimmungen von GE § 37 zum Thema „gute Werke des Gerechtfertigten" ausgeführt worden wären – und es wäre auch angemessener gewesen, das Thema unmittelbar im Zusammenhang von Gesetz und Evangelium zu behandeln. Immerhin wird sehr deutlich ausgesprochen, daß die Rechtfertigung den unüberbietbaren Anfang setzt und daß der Christ in Christus lebt und in der empfangenen Gnade wirkt.

Aufgabe der reformatorischen Theologie bleibt es, die guten Werke *als überfließende Folge der Rechtfertigung* zu beschreiben. Insofern kann zwar die Gerechtigkeit Christi nicht überboten werden, läßt sich aber durchaus als *Fülle* beschreiben und daher in Richtung eines „mehr oder weniger" ausdifferenzieren. In katholischer Perspektive käme es darauf an, die Verantwortung der gerechtfertigten Person in erster Linie von der jeweils unverwechselbaren Antwort auf die Gnade her zu charakterisieren. Dabei müssen die eschatologischen (Gerichts-) Dimensionen nicht vernachlässigt, aber auch nicht über Gebühr betont werden. Es geht letztlich um den Anspruch einer bestimmten Situation, der auf dem Hintergrund des evangelischen Zuspruchs vielleicht ganz neu gehört wird – allerdings nicht im lutherischen oder vulgärprotestantischen Schema von

Indikativ und Imperativ. Thema einer evangelischen Ethik wäre eher, wie die Befreiung vom Zwang zum Handeln – oder vielleicht auch: die Befreiung vom letzten Ernst des je eigenen Handelns – die Situation neu qualifiziert und beleuchtet, in der eine Person faktisch so oder so zu handeln hat.

Daraus ergibt sich freilich, daß die Rede von einem „Verdienst" nach wie vor mißverständlich und letztlich unangemessen bleibt. Im Licht des Evangeliums ist auch die Gelegenheit zum Handeln ein Geschenk. Vielleicht wäre es interessanter, von biblischen Gleichnissen auszugehen, die das Wuchern mit dem Kapital in den Blick nehmen. Der methodistische Akzent mag hier hilfreich sein, der das Streben nach christlicher Vollkommenheit unbefangen ausspricht. Ein solches Streben kann, sofern es sich stets getragen weiß vom unüberbietbaren Handeln Gottes, auf die Fülle der Gnade hinweisen, ohne je in die Versuchung zu kommen, Gott ein Werk als eigene Leistung darzubringen.

Es gibt demnach viel zu tun im christlichen Leben, und für eine Ethik gibt es viel zu reflektieren, aber möglichst wenig vorzuschreiben. So könnte man von der Rechtfertigungslehre aus die Frage stellen: Gibt es überhaupt eine normative Ethik? Wie können die Gebote im Leben der Christen fruchtbar gemacht werden, ohne wieder Anlaß zur „Gesetzlichkeit" zu bieten? Wenn es zutrifft, daß die römisch-katholische Gnadenlehre auch als Muster eines christlichen Lebens erzählt werden kann, so wäre dieser Ansatz zu vertiefen in Richtung auf eine „deskriptive" Ethik, die möglichst sparsam mit den Imperativen umgeht und vorrangig Geschichten erzählt und damit die je unwiederholbare Situation erhellt, in der es um *meine* Geschichte geht.

Die wichtigste Konsequenz aus der Rechtfertigungslehre in diesem Zusammenhang ist die Unterscheidung zwischen Gerechtigkeit und Recht. Es gibt keine Gerechtigkeit ohne Recht, aber zuviel Recht kann die Gerechtigkeit verdunkeln und geradezu „austrocknen". So wäre die „Verrechtlichung" vieler Lebenszusammenhänge eine säkulare Form der Gesetzlichkeit. Hier spielt die Ekklesiologie eine wichtige Rolle: Vielleicht kommt es entscheidend darauf an, daß das Wort der Vergebung einen „Lebensraum" schafft, wo in der Begegnung menschlicher Personen eine Gerechtigkeit zur Geltung kommt, die prinzipiell nicht in rechtlichen Strukturen aufgehen kann. Das ist natürlich eine Anfrage vor allem an die römisch-katholische Lehre von der Kirche. Andererseits zeigt sich hier eine Chance des ökumenischen Gesprächs, sofern die oft beschworene „Komplementarität" eine theologische Systembildung, also die dogmatische Spielart der „Gesetzlichkeit" verhindert. Dann darf allerdings nicht die reformatorische Rechtfertigungslehre zum Kriterium unter vielen relativiert werden.

In eine andere Richtung zielt ein anderer Aspekt der Unterscheidung von Gesetz und Evangelium, der allerdings in sämtlichen Gesprächen erstaunlich wenig Beachtung findet, nämlich die von Gesetz und Evangelium herbeigeführte, durch ein sprachliches Geschehen bewirkte mortificatio und vivificatio, der Tod des alten Menschen und das neue Leben im Glauben (vgl. 1b):

(b) Sündenvergebung und Gerechtmachung

Es ist ein Fortschritt, wenn die beiden Aspekte unterschieden und doch streng aufeinander bezogen werden von der Christusgemeinschaft her (vgl. GE § 22). Doch bleibt der ganze Abschnitt blaß. Dabei konzentriert sich hier die Dialektik von forensischer und effektiver Rechtfertigung. Es gelingt nicht, zwei wichtige Grundlinien zusammenzuhalten: Einerseits geht es beim Zuspruch des Evangeliums um ein treffendes Wort, und solch ein Wort kann die Person geradezu „umkrempeln". Andererseits erfordert die Einheit von Sündenvergebung und Erneuerung eine theologische Logik, die solch eine Einheit angemessen zur Sprache zu bringen erlaubt.

In den Gesprächen mit der anglikanischen Kirche tritt immer wieder hervor, daß durch den Zuspruch der Vergebung ein „Raum", ja ein „Lebensraum" geschaffen wird. Das ist ein sprachliches Geschehen mit der Kraft der Veränderung. Die reformatorische Seite hat die Aufgabe, den Zuspruch so zu entfalten, daß alle Wirklichkeit in einem neuen Licht erscheint, ganz anders gesehen werden kann als zuvor, so daß sich nun auch vieles „von selbst" versteht. Das ist die Pointe der Beschreibungen bei Luther, die immer wieder die Selbstverständlichkeit des liebevollen Handelns hervorheben. Das heißt aber auch, daß die forensische Dimension der Rechtfertigung nicht auf einen „Freispruch" reduziert werden darf. Im

Grunde muß auch die Sprache – als erste Äußerung der befreiten Person – erneuert werden.

Denken wir an Luthers „Freiheitsschrift" (s.o. A1): Von einem „wunderbaren Tausch" ist da an exponierter Stelle die Rede – was im evangelisch/orthodoxen Gespräch fruchtbar wurde für eine erste Annäherung. Dieser für die „Ontologie der Person" wichtige Gedanke, durch einseitige Betonung der „Anrechnung" der Gerechtigkeit Christi ins Hintertreffen geraten, ist für die reformatorische Soteriologie zentral. Die neue Existenz in Christus ist wirklich „christusförmig". Das könnte einen Berührungspunkt mit der römisch-katholischen Gnadenlehre markieren, die den geistlichen Fortschritt nicht nur auf der Ebene guter Werke ansiedelt, sondern auch als Streben „nach immer innigerer Vereinigung mit Christus" beschreiben kann (KKK 2014) und von der Gnade sogar sagt, Gott schenke uns sein Leben und gieße es durch den Heiligen Geist in unsere Seele ein (vgl. KKK 1999). Hier wäre die Rechtfertigungslehre auf die Lehre von der Eucharistie zu beziehen, gerade wenn es darum geht, die personale Beziehung zu Christus zu charakterisieren, ohne in bloße Imitation, also in christologische Formen der „Gesetzlichkeit" zu verfallen. Eine allzu starke Betonung der ethischen Vollkommenheit wird andererseits auch durch den reformierten Vorschlag korrigiert, in der Dankbarkeit den Ausgangspunkt des christlichen Lebens zu sehen. Luther unterstreicht die Analogie zwischen der Einheit von Gott und Mensch und dem Ineinander von Glauben und Liebe, kann aber bereits in der Auslegung von Röm 7 (1515/16) das „simul iustus simul peccator" mit der communicatio idiomatum vergleichen (vgl. WA 56,343). Das ist freilich auch ein deutlicher Vorbehalt für die Rede von einer „vergöttlichenden Gnade" (vgl. KKK 1999): Wir werden durchdrungen von der wirksamen Gegenwart Gottes, um von unserem verkehrten Steben nach der Gottgleichheit (Gen 3,5!) endlich frei zu sein (vgl. auch den nächsten Punkt). Wir müssen demnach vorsichtig sein mit allen unmittelbaren Analogien zwischen göttlicher und menschlicher Gerechtigkeit. Auch hier wird reformatorische Theologie eher auf der dialektischen Struktur bestehen und die Gegenläufigkeit herausarbeiten müssen, daß die göttliche Gerechtigkeit unsere versteckte Neigung zu Selbstgerechtigkeit und Verrechtlichung heilsam irritiert und fruchtbar provoziert.

Geht es um den Zusammenhang von Rechtfertigung und Sprache, so sind die ökumenischen Dialoge wohl besonders wenig ertragreich. Das mag daran liegen, daß der trinitarische und christologische Hintergrund oft vorausgesetzt und – mit Ausnahme des „filioque" – auch nicht strittig ist. Vielleicht muß aber die Wirklichkeit insgesamt christologisch beschrieben werden, um den Menschen zu faszinieren und zu verlocken. Hier wäre ein Berührungspunkt zwischen der physischen Erlösungslehre der orthodoxen Kirche und der lutherischen Theologie gegeben: Sprache ist nicht nur wirksames Wort – Wirklichkeit ist auch Sprache, wenn sie auf Christus bezogen bleibt. Paulus deutet in Röm 8 einen geheimnisvollen Zusammenhang an: Die Geschöpfe seufzen und sehnen sich mit uns nach der Erlösung (Röm 8,19-23). Wenn unsere Gerechtigkeit darin besteht, daß wir von uns abzusehen befähigt, von unserer Selbstsucht befreit werden, dann zielt dieses Handeln Gottes auch darauf, die menschlichen Personen wieder in die Schöpfung, in ein „rechtes" Verhältnis zur außermenschlichen Wirklichkeit einzuweisen. Die Befreiung von der Selbstsucht wird unterstützt durch eine Sprache, mit der wir Wirklichkeit anders beschreiben können denn bloß als Material für unser gestaltendes Handeln.

(c) Rechtfertigung und Sünde

Es ist ein Fortschritt, wenn die Sünde bestimmt wird als gottwidrige Selbstsucht. Damit stellt die „Gemeinsame Erklärung" klar, daß nur das Leben aus dem Handeln Gottes die Alternative zur Sünde sein kann, daß also jeder Versuch einer anthropologischen Sicherung per definitionem Sünde ist.

Bedenken entstehen allerdings aus der Verknüpfung von Sünde und Konkupiszenz. Hier gibt es wieder zwei Möglichkeiten: Wird zwischen Konkupiszenz als gottwidriger Neigung und der Zustimmung zu dieser Neigung noch differenziert, so kann sich hinterrücks wieder eine Sicht der befreiten voluntas einschleichen, wonach der Wille im Bereich der Gnade doch zur letzten Instanz wird. Das ist in GE § 30 nicht ausgeschlossen. Das Bekenntnis zur eigenen Gottwidrigkeit entspringt der gesteigerten Sensibilität dafür, daß ich mich willentlich immer nur von Gott trennen kann. Es kommt für reformatorische Theologie darauf an, die beiden Aspekte der Selbsterkenntnis und der Gottesbeziehung des homo peccator iustus recht zu unterscheiden, ohne zu trennen.

Hier ist wieder die sprachliche Tiefendimension zu beachten, denn die Selbsterkenntnis des homo peccator ist stets ein *Bekenntnis,* nicht zu verwechseln mit der theoretischen Analyse „von außen". Die Sünde des Gerechtfertigten wird in den meisten Fällen gar nicht von außen wahrzunehmen sein, am deutlichsten etwa, wo ich meine Selbstgerechtigkeit gerade angesichts meines frommen und gottgefälligen Verhaltens bekenne. Eine andere radikale oder gar abgründige Situation bricht auf in Schuldkonflikten. Hier kommt der Zusammenhang zwischen *Rechtfertigung und Geheimnis* zur Geltung.

Im Rechtfertigungsgeschehen wird die Person sich selbst zum Geheimnis, und zwar besonders intensiv in jenen Situationen, wo das eigene Handeln ihr nicht mehr letztendlich verfügbar ist, wo die Unfreiheit des eigenen Willens besonders aufdringlich und bedrängend wird. Die Erfahrung, gerade in solchen Situationen mit dem Handeln Gottes konfrontiert und allein auf die Gegenwart Gottes angewiesen zu sein, kann dabei sicherlich nicht herbeigeredet werden. Diese Erfahrung führt aber zur intensiven Durchdringung des göttlichen Geheimnis mit dem Geheimnis der unverwechselbaren menschlichen Person. Die dialektische Schärfe des „simul iustus simul peccator" umreißt demnach nicht eine „Notlösung", eine vorläufige und immer noch defizitäre Rettung der menschlichen Person, sondern auch in durchaus positiver Weise das Leben der Person vor Gott und allein von Gott her, ohne insgeheim eine stabile Kontinuität der Person als „Ich" vorauszusetzen. Daß mein Leben niemals „in sich" gerechtfertigt sein kann, wird dann zum Reflex der Fülle und Herrlichkeit Gottes. Vielleicht ist es kein Zufall, wenn Paulus sein verzweifeltes Ringen mit der Frage, warum Israel sich der Gegenwart Gottes in Jesus Christus verschließt, letztlich wieder an Gott zurückgibt und mit einer Doxologie schließt: „welch eine Tiefe des Reichtums der Weisheit und der Erkenntnis Gottes! Wie unbegreiflich sind seine Gerichte und unerforschlich seine Wege" (Röm 11,33). Daß dieses Gotteslob nicht nur von einer abstrakten Transzendenz Gottes spricht, sondern diese Unergründlichkeit Gottes *erfährt:* das ist die tiefste Pointe der Rechtfertigungslehre.

LITERATUR

(**AR**) Articles of Religion, in: The Book of Common Prayer, London 1952, 388-392.

(**ARC**) Acta Reformationis Catholicae VI, hg. von G. Pfeilschifter, Regensburg 1974.

(**CA**) Confessio Augustana, in: Die Bekenntnisschriften der evangelisch-lutherischen Kirche, 11. Aufl., Göttingen 1992, 31-137.

(**Civ**) Augustinus: 22 Bücher über den Gottesstaat (de civitate Dei) Bd.2, übers. von A. Schröder, München 1922 (BKV 16).

(**DH**) Kompendium der Glaubensbekenntnisse und kirchlichen Lehrentscheidungen, hg. von H. Denzinger und P. Hünermann, Freiburg 1991.

(**DwÜ**) Dokumente wachsender Übereinstimmung. Sämtliche Berichte und Konsenstexte interkonfessioneller Gespräche auf Weltebene Bd.2 (1982-1990), hg. von H. Meyer / H.J. Urban / L. Vischer, Paderborn / Frankfurt 1992.

(**FC**) Formula Concordiae, in: Die Bekenntnisschriften der evangelisch-lutherischen Kirche, 11. Aufl., Göttingen 1992, 735-1100.

(**Felm**) Karl Christian Felmy: Die orthodoxe Theologie der Gegenwart. Eine Einführung, Darmstadt 1990.

(**GE**) Gemeinsame Erklärung zur Rechtfertigungslehre, in: MD 48 (1997), 34-37.

(**HK**) Der Heidelberger Katechismus, hg. von O. Weber, 5. Aufl., Gütersloh 1996.

(**Inc**) Athanasius: Über die Menschwerdung des Logos (de incarnatione Verbi), hg. von A. Stegmann, München 1917, (BKV 31) 82-156.

(**Inst**) Johannes Calvin: Unterricht in der christlichen Religion (Institutio Christianae Religionis), hg. von O. Weber, 5. Aufl., Neukirchen-Vluyn 1988.

150

(KKK) Katechismus der Katholischen Kirche, München 1993.

(KM) Walter Klaiber / Manfred Marquardt: Gelebte Gnade. Grundriß einer Theologie der Evangelisch-methodistischen Kirche, Stuttgart 1993.

(KR) Gemeinsame römisch-katholische / evangelisch-lutherische Kommission (Hg.): Kirche und Rechtfertigung. Das Verständnis der Kirche im Licht der Rechtfertigung, Paderborn / Frankfurt 1994.

(Loss) Vladimir Lossky: Die mystische Theologie der morgenländischen Kirche, Graz / Wien / Köln 1961.

(MG) Harding Meyer / Günther Gaßmann (Hg.): Rechtfertigung im ökumenischen Dialog. Dokumente und Einführung, Frankfurt 1987.

(RV) Rechtfertigung und Verherrlichung (Theosis) des Menschen durch Jesus Christus. Fünfter bilateraler theologischer Dialog zwischen der Rumänischen Orthodoxen Kirche und der Evangelischen Kirche in Deutschland, Hermannsburg 1995.

(SiC) Salvation in Christ. A Lutheran-Orthodox Dialogue, Minneapolis 1989.

(Serm) Certain Sermons or Homilies appointed to be read in Churches, Oxford 1844.

(Sp) Augustinus: Geist und Buchstabe (de spiritu et littera), übers. von A. Forster, Paderborn 1968.

(Stan) Dumitru Staniloae: Orthodoxe Dogmatik Bd.2, übers. von H. Pitters, Zürich / Gütersloh 1990.

(TLC) Martin Luther: Von der Freiheit eines Christenmenschen (Tractatus de libertate christiana [1520]), in: Ausgewählte Schriften Bd.1, hg. von K. Bornkamm und G. Ebeling, Frankfurt 1982, 238-263 (auch: WA 7,20-38).

(ÜV) Überholte Verurteilungen? Die Gegensätze in der Lehre von Rechtfertigung, Abendmahl und Amt zwischen dem Konzil von Trient und der Reformation – damals und heute, hg. von D. Lange für die Göttinger Fakultät, Göttingen 1991.

(WA) Martin Luther: Werke. Kritische Gesamtausgabe, Weimar 1883ff.

Quellentexte zum Thema „Rechtfertigungslehre" sowie eine systematisch-theologische Einführung und eine ausführliche **Bibliographie** finden sich in dem Band:

Gerhard Sauter (Hg.): Rechtfertigung als Grundbegriff evangelischer Theologie, Gütersloh 1989.

Prägnante und informative **Darstellungen** zur theologiegeschichtlichen Entwicklung und dogmatischen Struktur der Rechtfertigungslehre sind greifbar in zwei neueren Veröffentlichungen:

Gerhard Sauter: Art. „Rechtfertigung IV.-VII.", in: TRE 28, Berlin/New York 1997, 315-364.

Eberhard Jüngel: Das Evangelium von der Rechtfertigung des Gottlosen als Zentrum des christlichen Glaubens. Eine theologische Studie in ökumenischer Absicht, Tübingen 1998.

Die **aktuelle Kontroverse** zur „Gemeinsamen Erklärung" ist zugänglich in einer Reihe von Heften der epd-Dokumentation (46/97, 49/97, 1/98, 3/98, 7/98). Hervorzuheben sind vor allem:

Eberhard Jüngel: Um Gottes willen – Klarheit! Kritische Bemerkungen zur Verharmlosung der kriteriologischen Funktion des Rechtfertigungsartikels – aus Anlaß einer ökumenischen „Gemeinsamen Erklärung zur Rechtfertigungslehre", in: epd-Dokumentation 46/97, 59-65 (zuerst in: ZThK 94 [1997], 394-406).

Eilert Herms: „Genau hinsehen – konstruktiv reagieren – Klarheit schaffen", in: epd-Dokumentation 3/98, 1-20.

REGISTER

Ökumenische Studienhefte

Im Auftrag des Konfessionskundlichen Instituts
hg. von Hans-Martin Barth und Reinhard Frieling

Die Bensheimer Ökumenischen Studienhefte (ÖSt) sind eine große Hilfe für Unterricht und Gemeindepraxis. Sie führen in die ökumenischen Dialoge der letzten Jahrzehnte ein. Texte, Kommentare und Perspektiven vermitteln eine Bilanz der Ökumene, die jeder ökumenisch Interessierte kennen muß.

1 **Abendmahl:** Eckhard Lessing, Münster (BenshH. 72)

2 **Spiritualität:** Hans-Martin Barth, Marburg (BenshH. 74)

3 **Gerechtigkeit:** Wolfgang Lienemann, Bern (BenshH. 75)

4 **Ökumenische Zielvorstellungen:** Harding Meyer, Straßburg (BenshH. 78)

5 **Taufe:** Erich Geldbach, Bochum (BenshH. 79)

6 **Reich Gottes:** Wolfram Weiße, Hamburg (BenshH. 83)

7 **Bekennen und Bekenntnis:** Hans-Georg Link, Köln (BenshH. 86)

8 **Rechtfertigung:** Ernstpeter Maurer, Dortmund (BenshH. 87)

9 **Wort Gottes, Schrift und Tradition:** Hubert Kirchner, Berlin (BenshH. 89)

Kirche: Jörg Haustein, Bensheim

Amt: Reinhard Frieling, Bensheim

Friede: Wolfgang Lienemann, Bern

Schöpfung: Heinrich Bedford-Strohm, Heidelberg

Mission und interreligiöser Dialog: Christine Lienemann-Perrin, Basel

Interessenten: Die Ökumenischen Studienhefte sollen im universitären Lehrbetrieb, aber auch im Religionsunterricht und in der Erwachsenenbildung (Ökumenische Arbeitskreise) Verwendung finden, sowie Pfarrer/Pfarrerinnen und Mitglieder von kirchlichen Gremien ansprechen.

Aufbau: Jedes der Hefte enthält bei ca. 150 Seiten Umfang drei Teile:

A Konfessions- und kontextspezifische Positionen (Darstellung/Dokumentation)

B Ökumenische Prozesse und Dialoge (Darstellung/Dokumentation)

C Bilanz und Perspektiven

Bei Bestellung der ganzen Reihe 10 % Nachlaß als Subskriptionspreis!